MOR

GERMAN STORIES

FOR INTERMEDIATE LEARNERS

ENGAGE WITH INTERMEDIATE GERMAN THROUGH STORIES THAT INTRIGUE AND EDUCATE!

BY ADRIAN GEE

ISBN: 979-8-322726-60-9

Author's Note

Welcome to "69 More Short German Stories for Intermediate Learners"! I am thrilled to accompany you once again as you delve deeper into the German language, exploring its intricacies and beauties. Building on the successes of our previous collection, this book is designed to challenge and expand your understanding, enhancing your fluency in German through a captivating array of narratives.

Tailored specifically for intermediate learners, these stories aim to broaden your vocabulary, refine your understanding of grammatical structures, and deepen your appreciation for German culture and storytelling. Each tale represents a significant step forward in your language learning adventure, featuring scenarios that are engaging and reflective of real-life situations, thereby preparing you for more advanced communication and comprehension.

Connect with Me: Our community of language enthusiasts on Instagram (@adriangruszka) continues to grow, and I invite you to join us if you haven't already. Engage with fellow learners by sharing your experiences, challenges, and triumphs as you progress through these stories. Your journey inspires others, and together, we can celebrate each milestone along the way.

Sharing is Caring: Witnessing your progress and hearing about your experiences with this book is incredibly rewarding. If "69 More Short German Stories for Intermediate Learners" helps advance your German skills, I encourage you to share your journey and tag me. Your support and feedback not only motivate me but also help shape future resources tailored to meet your learning needs.

This book invites you to dive deeper into the German language and culture. Through each story, you will gain a deeper understanding and enjoyment. Here's to continuing your German adventure—Prost! (Cheers!)

- Adrian Gee

CONTENTS

INTRODUCTION

Welcome

Welcome to "69 More Short German Stories for Intermediate Learners," a continuation of your journey into mastering the German language. Designed for those who have moved beyond the basics and are ready to delve deeper, this collection promises to enrich your vocabulary, strengthen your understanding of complex grammatical structures, and immerse you in captivating narratives that reflect the essence of German culture.

What the Book is About

This book is designed to bridge the gap between beginner and advanced levels, presenting 69 short stories that explore a wider range of topics and introduce more sophisticated language patterns. Each story is an opportunity to engage with intermediate German in a context that is both educational and entertaining, ensuring a comprehensive learning experience.

How the Book is Laid Out

The structure of this book follows the effective layout of its predecessor, with each story accompanied by a glossary of intermediate-level terms and expressions. Comprehension questions and summaries in German follow each tale, challenging you to apply your growing language skills in varied contexts. This approach not only consolidates your learning but also encourages critical thinking in German.

Recommendations and Tips on How to Get the Most Out of the Book

1. **Dive Deeper:** Challenge yourself with the more complex language and themes presented. Look up any unfamiliar concepts to broaden your understanding.

2. **Engage Actively:** Make the most of the comprehension questions to reflect on each story's nuances. Discussing your answers with peers or teachers can provide additional insights.

3. **Polish Your Pronunciation:** Continue to practice reading aloud. This will improve your pronunciation, rhythm, and intonation in German.

4. **Expand Your Exposure:** Complement your reading by exploring German media and literature. Engaging with a variety of content will accelerate your progress towards fluency.

Embarking on "69 More Short German Stories for Intermediate Learners" is an invitation to deepen your connection with the German language and its culture. With each story, you're not just learning; you're experiencing, understanding, and, most importantly, enjoying the process. Here's to your continued success in mastering the German language. Prost! (Cheers!)

- Chapter One -
THE MYSTERIOUS LIGHTHOUSE

Das geheimnisvolle Leuchtturm

Ein verlassener Leuchtturm stand an einer abgelegenen Küstenlinie, umgeben von Nebel und Legende. Bekannt als das Leuchtfeuer der unheimlichen Küste, hieß es, er führe Schiffe mit seinem geheimnisvollen Licht in ihr Verderben. Die Ermittlerin Mara wagte sich durch den Nebel zu dieser isolierten Struktur, um ihre Geheimnisse zu enthüllen.

Im Inneren fand sie Beweise für ihre frühere Rolle als Leuchtfeuer für Seeleute, die gefährliche Gewässer befuhren, und Hinweise auf eine spukhafte Schiffswracklegende. Als sie tiefer eindrang, offenbarte der Leuchtturm unheimliche Flüstern und geisterhafte Schatten. Plötzlich materialisierte sich ein spektrales Schiff am Ufer, verbunden mit der Legende des Leuchtturms.

Mara verstand, dass der Leuchtturm, weit davon entfernt, verlassen zu sein, von den Geistern der Verlorenen bewacht wurde. Sein Licht diente als spukhaftes Leuchtfeuer, das alle an die Gefahren des Meeres erinnerte. Mit mehr Fragen als Antworten verließ Mara den Leuchtturm, der als geheimnisvoller Wächter am Rande der bekannten Welt stand.

Schiffswracklegende — легенда о кораблекрушении

offenbaren — появить

Vocabulary

Lighthouse	*Leuchtturm*
Mysterious	*Geheimnisvoll*
Navigate	*Navigieren*
Coastline	*Küstenlinie*
Beacon	*Leuchtfeuer*
Abandoned	*Verlassen*
Investigate	*Ermitteln*
Haunting	*Spukhaft*
Illuminate	*Erleuchten*
Fog	*Nebel*
Legend	*Legende*
Isolated	*Isoliert*
Eerie	*Unheimlich*
Signal	*Signal*
Shore	*Ufer*

Questions About the Story

1. *What stands on the remote coastline?*

    a) A modern hotel
    b) An abandoned lighthouse
    c) A pirate ship

2. *What is the lighthouse known as?*

    a) The Beacon of the Eerie Shore
    b) The Guiding Light
    c) The Sentinel of the Sea

3. *What did Mara discover inside the lighthouse?*

    a) Pirate treasure
    b) Logbooks and maritime charts
    c) A hidden trapdoor

4. *What legend is linked to the lighthouse?*

    a) A mermaid's curse
    b) A haunted captain
    c) A shipwreck

5. *What materialized on the shore?*

    a) A sea monster
    b) A spectral ship
    c) A treasure chest

Correct Answers:

1. b) An abandoned lighthouse
2. a) The Beacon of the Eerie Shore
3. b) Logbooks and maritime charts
4. c) A shipwreck
5. c) A spectral ship

- Chapter Two -
THE SECRET OF THE OLD MANSION

Das Geheimnis der alten Villa

Auf dem Land erbte Lucas, ein junger Historiker, eine große Villa mit geheimnisvoller Vergangenheit. Bei der Erkundung des Anwesens, um es zu renovieren, entdeckte Lucas ein Ahnenporträt, das ein Tagebuch verbarg. Dieses Tagebuch deutete auf einen Geist hin, der ein altes Erbstück bewachte, und vertiefte das Mysterium der Villa.

Den Hinweisen aus dem Tagebuch folgend, entdeckte Lucas eine Kammer, die auf den Standort des Erbstücks unter dem Anwesen hinwies. Als er auf den spektralen Wächter traf, erfuhr er von dem Erbe seiner Vorfahren und der Macht des Erbstücks, es zu schützen.

Als er das Talisman ausgrub, erkannte Lucas die Bedeutung, die Geschichte zu bewahren, und verstand, dass das Geheimnis der Villa ihr Vermächtnis war, nicht nur Geschichten von Geistern und kryptischen Botschaften.

Vocabulary

Mansion	*Villa*
Secret	*Geheimnis*
Heirloom	*Erbstück*
Inheritance	*Erbe*
Portrait	*Porträt*
Ancestor	*Vorfahre*
Renovate	*Renovieren*
Specter	*Geist*
Mystery	*Mysterium*
Cryptic	*Kryptisch*
Estate	*Anwesen*
Diary	*Tagebuch*
Clue	*Hinweis*
Reveal	*Enthüllen*
Discover	*Entdecken*

Questions About the Story

1. *Who inherited the mysterious mansion?*

   a) The spectral guardian
   b) Lucas, the young historian
   c) An ancestral portrait

2. *What did Lucas intend to do with the estate?*

   a) Sell it immediately
   b) Abandon it
   c) Renovate it

3. *What concealed a cryptic diary?*

   a) The mansion's front door
   b) A hidden chamber
   c) An ancestral portrait

4. *What guarded the family's inheritance according to the diary?*

   a) A hidden chamber
   b) A cryptic message
   c) The spectral guardian

5. *Where was the heirloom located?*

   a) Beneath the estate's ancient grounds
   b) Inside the diary
   c) On the spectral guardian

Correct Answers:

1. b) Lucas, the young historian
2. c) Renovate it
3. c) An ancestral portrait
4. c) The spectral guardian
5. a) Beneath the estate's ancient grounds

- Chapter Three -
THE ENCHANTED FOREST

Der verzauberte Wald

Jenseits der Grenzen der bekannten Welt liegt ein verzauberter Wald, Heimat mythischer Kreaturen und geschützt durch alte Zauber. Eine junge Abenteurerin namens Elara, angelockt von Geschichten über die Magie des Waldes, begab sich auf die Suche, seine mystischen Tiefen zu erkunden.

Als Elara in den Wald vordrang, begegnete sie verzauberten Reichen und alten Wächtern, die ihr die Geheimnisse des Waldes offenbarten und sie auf ihrer Suche leiteten. Der Wald, erfüllt von magischer Energie, stellte Herausforderungen und Rätsel, die Elaras Entschlossenheit und ihre Verbindung zur magischen Welt prüften.

Ihre Reise führte sie ins Herz des Waldes, wo ein altes Portal, erleuchtet durch das magische Licht des Waldes, den Weg zu einem mythischen Reich offenbarte. Bewacht von einem mächtigen Wächter, war das Portal die Quelle der Verzauberung des Waldes, ein Tor zu Reichen jenseits der Vorstellungskraft.

Mit Mut und einem Herzen, das für die Wunder der Magie offen war, öffnete Elara das Portal, und ihre Suche gipfelte in einer Verwandlung, die die Welt der Menschen mit der verzauberten verband. Der Wald offenbarte seine wahre Essenz, ein Reich, in dem Magie und Natur ineinander verwoben sind, und bot Weisheit und Schutz für jene, die seine Geheimnisse suchten.

Vocabulary

Enchanted	*Verzaubert*
Forest	*Wald*
Mythical	*Mythisch*
Creature	*Kreatur*
Bewitched	*Verzaubert*
Realm	*Reich*
Guardian	*Wächter*
Spell	*Zauber*
Ancient	*Alt*
Quest	*Suche*
Magical	*Magisch*
Forbidden	*Verboten*
Illuminate	*Erleuchten*
Portal	*Portal*
Transformation	*Verwandlung*

Questions About the Story

1. *What is the setting of 'The Enchanted Forest'?*

   a) A modern city
   b) An ancient castle
   c) A magical forest

2. *Who is the main character of the story?*

   a) A powerful guardian
   b) Elara, the young adventurer
   c) A mythical creature

3. *What draws Elara into the forest?*

   a) A family heirloom
   b) Tales of the forest's magic
   c) A lost relative

4. *What does Elara encounter in the forest?*

   a) Modern technology
   b) Bewitched realms and guardians
   c) A bustling city

5. *What is at the heart of the forest?*

   a) A hidden treasure
   b) An ancient city
   c) An ancient portal

Correct Answers:

1. c) A magical forest
2. b) Elara, the young adventurer
3. b) Tales of the forest's magic
4. b) Bewitched realms and guardians
5. c) An ancient portal

- Chapter Four -
THE TIME TRAVELER'S DILEMMA

Das Dilemma des Zeitreisenden

Elena, eine versierte Zeitreisende, stand vor einem Dilemma, als ihre Handlungen in der Vergangenheit unerwartet die Stabilität der Zukunft bedrohten. Ihre Aufgabe war es, Epochen zu beobachten, ohne Veränderungen vorzunehmen, doch unbeabsichtigt verursachte sie eine Störung, die zu unvorhergesehenen Konsequenzen für die Zukunft führte.

Konfrontiert mit dem Paradoxon, die Vergangenheit zu ändern, um die Zukunft zu retten, erkannte Elena, dass jede Veränderung das Gleichgewicht der Zeit über verschiedene Epochen hinweg weiter stören könnte. Mit einem tiefen Verständnis der Dimensionen der Zeit plante sie sorgfältig ihre Rückkehr, um ihren Fehler zu korrigieren, ohne Paradoxe zu schaffen oder Artefakte zu hinterlassen, die die Geschichte verändern könnten.

Indem sie die Herausforderungen potenzieller chronologischer Störungen navigierte, korrigierte Elena erfolgreich ihren Fehltritt und bewahrte so die Integrität der Zeitlinie und sicherte eine unveränderte Zukunft.

Ihre Reise unterstrich die kritische Bedeutung, die Vergangenheit zu respektieren und die komplexen Konsequenzen der Zeitreise, zurückgekehrt in ihre Ära mit einem neuen Bewusstsein für ihre bedeutende Verantwortung.

Vocabulary

Time traveler	*Zeitreisender*
Dilemma	*Dilemma*
Paradox	*Paradoxon*
Epoch	*Epoche*
Alter	*Verändern*
Future	*Zukunft*
Past	*Vergangenheit*
Consequence	*Konsequenz*
Dimension	*Dimension*
Chronological	*Chronologisch*
Disrupt	*Stören*
Era	*Ära*
Artifact	*Artefakt*
Return	*Rückkehr*
Mission	*Mission*

Questions About the Story

1. *What was Elena's profession?*

    a) Historian
    b) Scientist
    c) Time traveler

2. *What dilemma did Elena face?*

    a) Choosing between two futures
    b) Deciding on her next vacation spot
    c) Her actions in the past threatened the future's stability

3. *What was Elena's original mission?*

    a) To change historical events
    b) To observe epochs without altering them
    c) To collect artifacts from the past

4. *What did Elena disrupt?*

    a) A royal wedding
    b) The stock market
    c) A minor event with unforeseen future consequences

5. *What did Elena aim to fix on her return to the past?*

    a) Her reputation
    b) The disrupted event without creating a paradox
    c) A broken artifact

Correct Answers:

1. c) Time traveler
2. c) Her actions in the past threatened the future's stability
3. b) To observe epochs without altering them
4. c) A minor event with unforeseen future consequences
5. b) The disrupted event without creating a paradox

- Chapter Five -
LOST IN TRANSLATION

Verloren in der Übersetzung

Marco, ein zweisprachiger Übersetzer, fand sich während eines entscheidenden diplomatischen Dialogs in der Übersetzung verloren. Mit der Aufgabe betraut, eine sensible Diskussion zu dolmetschen, stand Marco vor der Herausforderung, Nuancen zwischen Sprachen zu vermitteln, ohne die ursprüngliche Nachricht falsch zu interpretieren.

Während der Dialog fortschritt, navigierte Marco durch die Komplexitäten wörtlicher Übersetzungen, Redewendungen und Slang. Er strebte nach Genauigkeit, während er die Essenz jeder Aussage bewahrte. Die Sprachbarriere war groß, aber Marcos Fließfähigkeit und Verständnis für den Kontext ermöglichten es ihm, die Lücke zwischen den Sprechern zu überbrücken.

Ein Missverständnis entstand jedoch, als ein umgangssprachlicher Ausdruck falsch interpretiert wurde, was zu Verwirrung unter den Teilnehmern führte. Marco klärte das Missverständnis schnell auf, erklärte die Nuance des Ausdrucks und stellte sicher, dass die Kommunikation klar und effektiv blieb.

Durch Marcos Bemühungen endete der Dialog erfolgreich, wobei alle Parteien die Feinheiten der Sprache und Kommunikation zu schätzen wussten. Marcos Erfahrung hob die Bedeutung des Verstehens und genauen Übermittelns der Sprachintrigen in einem multikulturellen Umfeld hervor.

Vocabulary

Translation	*Übersetzung*
Misinterpret	*Falsch interpretieren*
Nuance	*Nuance*
Bilingual	*Zweisprachig*
Communicate	*Kommunizieren*
Barrier	*Barriere*
Fluent	*Fließend*
Context	*Kontext*
Literal	*Wörtlich*
Idiom	*Redewendung*
Slang	*Slang*
Expression	*Ausdruck*
Misunderstand	*Missverstehen*
Dialogue	*Dialog*
Accuracy	*Genauigkeit*

Questions About the Story

1. *What is Marco's profession?*

   a) Diplomat
   b) Translator
   c) Language teacher

2. *What was Marco tasked with during the diplomatic dialogue?*

   a) Leading the discussion
   b) Interpreting a sensitive discussion
   c) Writing a report on the dialogue

3. *What challenge did Marco face?*

   a) Translating a book
   b) Making a speech
   c) Conveying nuances between languages

4. *What did Marco strive to maintain while interpreting?*

   a) Speed
   b) Volume
   c) Essence of each expression

5. *What allowed Marco to bridge the gap between speakers?*

   a) His sense of humor
   b) His fluency and understanding of context
   c) His ability to speak loudly

Correct Answers:

1. b) Translator
2. b) Interpreting a sensitive discussion
3. c) Conveying nuances between languages
4. c) Essence of each expression
5. b) His fluency and understanding of context

- Chapter Six -
A TALE OF TWO CITIES

Eine Geschichte zweier Städte

In einem Land, wo eine pulsierende Metropole und ein beschauliches Dorf in starkem Kontrast zueinander standen, existierte eine Kluft, die über geografische Unterschiede hinausging. Diese Geschichte erkundet das Leben in diesen kontrastreichen Umgebungen und hebt die Unterschiede und Gemeinsamkeiten in Gesellschaft, Kultur und Wirtschaft hervor.

Die Metropole, ein Zentrum fortschrittlicher Infrastruktur und ein Schmelztiegel verschiedener Bevölkerungsgruppen, bot unendliche Möglichkeiten. Ihre städtische Landschaft war ein Zeugnis menschlichen Fortschritts, sah sich jedoch auch mit Herausforderungen der Integration in ihrem hektischen Treiben konfrontiert.

Im Gegensatz dazu bot das ländliche Dorf mit seinen tief in der Vergangenheit verwurzelten Traditionen ein einfacheres Leben. Hier war die Wirtschaft eng mit der Natur verbunden, und die Migration in städtische Zentren wurde sowohl als Verlust als auch als Notwendigkeit für das Überleben angesehen.

Als Individuen aus beiden Welten interagierten, begannen sich ihre Lebensperspektiven zu vermischen, was die Schönheit und Herausforderungen jedes Lebensstils offenbarte. Die Geschichte entfaltete sich und zeigte, wie städtische und ländliche Gesellschaften koexistieren konnten, wobei jede die andere mit ihrer einzigartigen Kultur und Tradition bereicherte.

Durch Migration und Integration entstand eine neue Gesellschaft – eine, die die schnelle Innovation der Metropole ebenso schätzte wie die friedliche Einfachheit des ländlichen Dorfes. Diese Geschichte zweier Städte dient als Erinnerung an die Bedeutung von Koexistenz und Verständnis in einer vielfältigen Welt.

Vocabulary

Metropolis	*Metropole*
Contrast	*Kontrast*
Urban	*Städtisch*
Rural	*Ländlich*
Society	*Gesellschaft*
Culture	*Kultur*
Divide	*Kluft*
Migration	*Migration*
Economy	*Wirtschaft*
Tradition	*Tradition*
Perspective	*Perspektive*
Coexist	*Koexistieren*
Infrastructure	*Infrastruktur*
Population	*Bevölkerung*
Integration	*Integration*

Questions About the Story

1. *What are the two contrasting settings in the story?*

    a) A desert and a forest
    b) A metropolis and a rural village
    c) An island and a mountain

2. *What does the metropolis offer?*

    a) Limited opportunities
    b) Endless opportunities
    c) No infrastructure

3. *What challenge does the metropolis face?*

    a) Overpopulation
    b) Lack of nature
    c) Integration challenges

4. *What is closely tied to the economy in the rural village?*

    a) Technology
    b) Nature
    c) Tourism

5. *What effect does migration have?*

    a) It enriches only the urban areas
    b) It causes problems only in rural areas
    c) It affects economies, traditions, and individual lives

Correct Answers:

1. b) A metropolis and a rural village
2. b) Endless opportunities
3. c) Integration challenges
4. b) Nature
5. c) It affects economies, traditions, and individual lives

- Chapter Seven -
THE ART THIEF

Der Kunstdieb

In der Welt der Kunst schockierte ein Raub in einer renommierten Galerie die Gemeinschaft. Ein wertvolles Meisterwerk verschwand spurlos, was zu einer intensiven Suche nach dem Verdächtigen führte. Der Dieb, ein Meister der Heimlichkeit, hatte die Sicherheit mit der List eines erfahrenen Fälschers überlistet.

Die Galerie, entschlossen, das Kunstwerk zurückzugewinnen, stellte einen verdeckten Detektiv ein, der dafür bekannt war, Kunst zu authentifizieren und Fälschungen zu erkennen. Im Verlauf der Ermittlung überprüfte der Detektiv Auktionsaufzeichnungen, in der Annahme, dass der Dieb versuchen könnte, das gestohlene Exponat zu verkaufen.

Die Spannung stieg, als bei einer Auktion ein potenzieller Käufer gesichtet wurde, was Verdacht erregte. Der Detektiv, der sich unter die Menge mischte, wartete auf den Moment zum Handeln. Die Jagd begann, als der Verdächtige einen Zug machte, um das Meisterwerk zu verkaufen.

In einer dramatischen Wende gelang es dem Detektiv, das Kunstwerk zurückzugewinnen und dessen sichere Rückkehr in die Galerie zu sichern. Die Kunstgemeinde atmete auf, als das Meisterwerk wieder ausgestellt wurde, und der clevere Kunstdieb wurde zur Rechenschaft gezogen.

Der Raub diente als Erinnerung an die Bedeutung von Sicherheit beim Schutz kultureller Schätze und die Längen, zu denen Einzelpersonen gehen würden, um sie zu besitzen.

Vocabulary

Heist	Raub
Gallery	Galerie
Masterpiece	Meisterwerk
Forger	Fälscher
Stealth	Heimlichkeit
Auction	Auktion
Authenticate	Authentifizieren
Suspect	Verdächtiger
Security	Sicherheit
Undercover	Verdeckt
Valuable	Wertvoll
Exhibit	Exponat
Detect	Erkennen
Chase	Jagd
Recover	Zurückgewinnen

Questions About the Story

1. *What event shocked the art community?*

    a) A new gallery opening
    b) A prestigious award ceremony
    c) A heist at a prestigious gallery

2. *What was stolen from the gallery?*

    a) A sculpture
    b) A valuable masterpiece
    c) A collection of modern art

3. *Who was hired by the gallery to recover the stolen artwork?*

    a) A famous artist
    b) An undercover detective
    c) A renowned art critic

4. *What skill did the detective use to aid the investigation?*

    a) Painting
    b) Sculpting
    c) Authenticating art and detecting forgeries

5. *Where did the detective suspect the thief would attempt to sell the stolen exhibit?*

    a) At a local flea market
    b) On the internet
    c) At an auction

Correct Answers:

1. c) A heist at a prestigious gallery
2. b) A valuable masterpiece
3. b) An undercover detective
4. c) Authenticating art and detecting forgeries
5. c) At an auction

- Chapter Eight -
THE FORGOTTEN LANGUAGE

Die vergessene Sprache

Lena, eine Linguistin mit einer Leidenschaft für die ausgestorbenen Sprachen alter Zivilisationen, stieß auf ein Manuskript, das versprach, die Geheimnisse einer vergessenen Protosprache zu enthüllen. Das Manuskript, verziert mit Inschriften, die eine Mischung aus Keilschrift und Hieroglyphen darstellten, war ein Fenster in eine von Geheimnissen umhüllte Vergangenheit.

Ihre Suche, das Manuskript zu entschlüsseln, führte sie durch die Reiche der Philologie, wo Syntax, Semantik und Etymologie sich verflechteten. Mit jedem Wort, das sie entschlüsselte, erschloss Lena die Geschichten einer Zivilisation, deren Stimme der Zeit verloren gegangen war.

Je tiefer sie in das sprachliche Rätsel eintauchte, desto mehr entdeckte Lena, dass die Sprache nicht nur ein Studienartefakt war, sondern eine lebendige Brücke zu den Ahnen, die sie sprachen. Die zweisprachigen Inschriften boten Hinweise, die die etablierten Grenzen der Linguistik herausforderten.

Der Höhepunkt ihrer Arbeit offenbarte nicht nur die Bedeutungen hinter den alten Texten, sondern auch die tiefe Verbindung zwischen Sprache, Identität und Geschichte. Lenas Hingabe, die vergessene Sprache zu entwirren, beleuchtete das reiche Gewebe menschlicher Kommunikation und sein dauerhaftes Erbe über Generationen hinweg.

Vocabulary

Linguist	Linguistin
Extinct	Ausgestorben
Manuscript	Manuskript
Decipher	Entschlüsseln
Proto-language	Protosprache
Artifact	Artefakt
Philology	Philologie
Syntax	Syntax
Etymology	Etymologie
Semantics	Semantik
Inscription	Inschrift
Bilingual	Zweisprachig
Dialect	Dialekt
Cuneiform	Keilschrift
Hieroglyphs	Hieroglyphen

Questions About the Story

1. *What is Lena's profession?*

    a) Historian
    b) Archaeologist
    c) Linguist

2. *What did Lena discover that held the secrets to a forgotten language?*

    a) A treasure chest
    b) A manuscript
    c) A stone tablet

3. *What types of inscriptions were on the manuscript?*

    a) Alphabetic and numeric
    b) Cuneiform and hieroglyphs
    c) Morse code and Braille

4. *What realms of study did Lena explore to decipher the manuscript?*

    a) Astronomy and geography
    b) Philosophy and theology
    c) Philology, including syntax, semantics, and etymology

5. *What did Lena ultimately find in the language she was studying?*

    a) A way to time travel
    b) A map to hidden treasures
    c) A living bridge to the ancestors who spoke it

Correct Answers:

1. c) Linguist
2. b) A manuscript
3. b) Cuneiform and hieroglyphs
4. c) Philology, including syntax, semantics, and etymology
5. c) A living bridge to the ancestors who spoke it

- Chapter Nine -
BEYOND THE HORIZON

Jenseits des Horizonts

Eriks Leben war eine Expedition, eine unermüdliche Suche, um die unerforschten Gewässer der Welt zu navigieren. Seine neueste Odyssee, eine Seereise, die versprach, die Grenzen seiner Ausdauer zu dehnen, zielte darauf ab, jenseits des Horizonts zu erkunden, wo Karten endeten und Legenden begannen.

Mit seinem Kompass als Führer und den Sternen als Begleitern segelte Erik ins Unbekannte. Die Reise war nicht nur eine Überquerung geografischer Distanzen, sondern auch eine Reise ins Herz der Entdeckung selbst.

Während er die maritime Weite durchquerte, begegnete Erik der Isolation des Meeres, einer Einsamkeit, die seinen Entschluss prüfte. Doch gerade in dieser Isolation fand er Klarheit – eine himmlische Karte, geschrieben im Nachthimmel, die ihn zu neuen Ländern und vergessenen Reichen führte.

Seine Entdeckungen erweiterten nicht nur die Grenzen der Kartografie, sondern forderten auch die Wahrnehmungen dessen heraus, was jenseits der bekannten Welt lag. Eriks Reise war ein Zeugnis für das menschliche Verlangen zu erkunden, zu suchen und die Geheimnisse zu verstehen, die gerade jenseits des Horizonts liegen.

Vocabulary

Horizon	*Horizont*
Expedition	*Expedition*
Navigate	*Navigieren*
Uncharted	*Unerforscht*
Odyssey	*Odyssee*
Maritime	*Maritim*
Compass	*Kompass*
Sail	*Segeln*
Voyage	*Reise*
Celestial	*Himmlisch*
Isolation	*Isolation*
Endurance	*Ausdauer*
Cartography	*Kartografie*
Latitude	*Breitengrad*
Longitude	*Längengrad*

Questions About the Story

1. *What best describes Erik's lifestyle?*

    a) A comfortable routine
    b) A series of scientific experiments
    c) A ceaseless quest for exploration

2. *What was Erik's latest odyssey?*

    a) A deep-sea diving expedition
    b) A journey beyond the horizon into uncharted waters
    c) A trek across desert lands

3. *What guided Erik on his journey?*

    a) A detailed map
    b) Advice from experienced sailors
    c) His compass and the stars

4. *What did Erik encounter during his voyage?*

    a) Crowded ports and bustling cities
    b) The isolation of the sea
    c) Pirates and sea monsters

5. *What did Erik discover in his isolation?*

    a) A treasure chest
    b) A celestial map in the night sky
    c) An underwater city

Correct Answers:

1. c) A ceaseless quest for exploration
2. b) A journey beyond the horizon into uncharted waters
3. c) His compass and the stars
4. b) The isolation of the sea
5. b) A celestial map in the night sky

- Chapter Ten -
THE RISE OF THE PHOENIX

Der Aufstieg des Phönix

In einem Land voller mythischer Überlieferungen hat die Legende des Phönix, eines prächtigen Geschöpfes, immer jene fasziniert, die an die Kraft von Wiedergeburt und Verwandlung glauben. Dieser unsterbliche Vogel, umgeben von Flammen, würde sich selbst im Feuer verzehren, nur um aus der Asche wiedergeboren zu werden und einen ewigen Kreislauf von Leben, Tod und Wiederaufstieg zu symbolisieren. Es war ein Erbe, das Generationen überdauerte, eine Prophezeiung, einst von alten Sehern erzählt, die den endlosen Aufstieg des Phönix vorhersagte.

Der Phönix war nicht nur eine mythische Figur; er war ein Symbol der Hoffnung, Widerstandsfähigkeit und der unzerstörbaren Essenz des Lebens. Der Mythologie nach konnte zu jeder Zeit nur ein Phönix leben, was sein Erscheinen zu einem seltenen Ereignis machte, das Verwandlung und Erneuerung ankündigte. Seine Wiedergeburt aus der Asche symbolisierte den Triumph des Lebens über den Tod, der Erneuerung über den Verfall.

Der Zyklus des Phönix, sein Aufstieg aus den Flammen und sein Aufstieg in den Himmel war ein Schauspiel, das nur wenige privilegiert waren zu bezeugen. Es hieß, seine Flammen besäßen die Kraft zu reinigen und seine Tränen zu heilen, was den Phönix nicht nur zu einem Symbol der Unsterblichkeit und Wiedergeburt machte, sondern auch zu einem Wächter über alles Reine und Heilige.

Vocabulary

Phoenix	*Phönix*
Rebirth	*Wiedergeburt*
Mythology	*Mythologie*
Immortal	*Unsterblich*
Flames	*Flammen*
Ashes	*Asche*
Legacy	*Erbe*
Symbolize	*Symbolisieren*
Cycle	*Zyklus*
Transformation	*Verwandlung*
Resurgence	*Wiederaufstieg*
Eternal	*Ewig*
Prophecy	*Prophezeiung*
Mythic	*Mythisch*
Ascend	*Aufsteigen*

Questions About the Story

1. *What does the Phoenix symbolize?*

   a) Destruction
   b) Rebirth and transformation
   c) Eternal darkness

2. *How does the Phoenix rejuvenate itself?*

   a) By bathing in water
   b) By flying to the sun
   c) By consuming itself in fire

3. *What does the Phoenix's rebirth from ashes signify?*

   a) The end of the world
   b) The triumph of life over death
   c) The arrival of winter

4. *According to mythology, how many Phoenixes can live at a time?*

   a) Hundreds
   b) Only one
   c) Two, a male and a female

5. *What rare event does the appearance of the Phoenix herald?*

   a) A catastrophic disaster
   b) Transformation and renewal
   c) Eternal peace

Correct Answers:

1. b) Rebirth and transformation
2. c) By consuming itself in fire
3. b) The triumph of life over death
4. b) Only one
5. b) Transformation and renewal

- Chapter Eleven -
THE LOST ART OF CALLIGRAPHY

Die verlorene Kunst der Kalligraphie

Es war einmal in einem Reich, wo alte Traditionen gepflegt wurden, und die Kunst der Kalligraphie einen Ehrenplatz innehatte. Diese elegante Kunst war mehr als nur Schreiben; sie war ein Ausdruck von Schönheit und Präzision. Meisterkalligraphen, mit ihren Tinten und Pinseln, schufen atemberaubende Manuskripte auf Pergament, jeder Strich ein Zeugnis ihres Könnens und ästhetischen Verständnisses.

Unter diesen Künstlern war Eliana, eine Kalligraphin, deren Arbeit für ihre Verzierungen und die exquisite Technik bekannt war, die jedem Symbol Leben einhauchte. Sie glaubte, Kalligraphie sei nicht nur eine Art, Worte zu schreiben, sondern eine Brücke, die die Vergangenheit mit der Gegenwart verband, eine Form des Handwerks, die das Wesen alter Weisheit einfing.

Eines Tages begann Eliana ein Projekt, ein Manuskript zu schaffen, das den Höhepunkt kalligraphischer Kunst darstellen sollte. Sie verwendete ihre feinste Tinte und ihren besten Pinsel, um jeden Strich mit unvergleichlicher Präzision zu gestalten. Das Manuskript sollte ihr Meisterwerk werden, ein Höhepunkt jahrelanger Hingabe an ihr Handwerk.

Während sie arbeitete, erkannte Eliana, dass Kalligraphie mehr als eine Kunst war – sie war eine Meditation, ein Tanz des Pinsels auf Pergament, der den Fluss des Lebens selbst symbolisierte. Ihr vollendetes Werk war nicht nur eine Sammlung eleganter Schriften, sondern eine Feier der andauernden Schönheit der Kalligraphie, eine Erinnerung an eine Zeit, in der Handwerk als Verbindung zur Ahnenvergangenheit verehrt wurde.

Vocabulary

Calligraphy	*Kalligraphie*
Script	*Schrift*
Ink	*Tinte*
Elegance	*Eleganz*
Stroke	*Strich*
Manuscript	*Manuskript*
Flourish	*Verzierung*
Precision	*Präzision*
Ancient	*Alt*
Parchment	*Pergament*
Aesthetic	*Ästhetisch*
Brush	*Pinsel*
Symbol	*Symbol*
Technique	*Technik*
Craftsmanship	*Handwerk*

Questions About the Story

1. *What does calligraphy represent in the story?*

    a) A simple form of writing
    b) A modern digital art
    c) An expression of beauty and precision

2. *What was unique about Eliana's work?*

    a) Its simplicity
    b) Its flourishes and exquisite technique
    c) Its digital enhancement

3. *What did Eliana believe about calligraphy?*

    a) It was outdated
    b) It was a bridge connecting the past to the present
    c) It was too complex

4. *What did Eliana use to create her manuscript?*

    a) A typewriter
    b) Her finest ink and brush
    c) A computer

5. *What realization did Eliana have while working on her manuscript?*

    a) That calligraphy was a lost cause
    b) That calligraphy was a meditation and a dance of the brush
    c) That she preferred painting

Correct Answers:

1. c) An expression of beauty and precision
2. b) Its flourishes and exquisite technique
3. b) It was a bridge connecting the past to the present
4. b) Her finest ink and brush
5. b) That calligraphy was a meditation and a dance of the brush

- Chapter Twelve -
ECHOES OF THE PAST

Echos der Vergangenheit

Im Herzen eines alten Landes lockten Flüstern der Vergangenheit die Neugierigen und Mutigen. Unter ihnen war Alex, ein Archäologe, der sich der Aufdeckung der Echos längst vergangener Zivilisationen widmete. Seine neueste Expedition führte ihn zu Ruinen, umhüllt von Geheimnissen, die Relikte einer vergessenen Dynastie versprachen.

Mit Präzision und Respekt begann Alex zu graben. Jedes ausgegrabene Artefakt war ein Puzzleteil der Geschichte, eine greifbare Verbindung zu den Ahnengeistern, die einst diese Länder durchstreiften. Unter seinen Funden war eine Vase mit Inschriften, die Einblicke in die Chronologie und das Erbe der Menschen boten, die sie erschaffen hatten.

Während Tage zu Wochen wurden, offenbarte die Ausgrabungsstätte mehr als nur Objekte; sie enthüllte Geschichten von Liebe, Krieg und Innovation. Eine bedeutende Entdeckung war eine Reihe von Ruinen, die auf das architektonische Genie der Zivilisation hinwiesen und zu einer tieferen Erforschung ihrer Lebensweise anregten.

Der Höhepunkt von Alex' Arbeit bestand nicht nur in der Bewahrung dieser Artefakte, sondern in der Wiederherstellung eines Kapitels, das lange aus den Geschichtsbüchern gelöscht worden war. Die Inschriften wurden zu einer Stimme für die Stimmlosen, die die Errungenschaften und Kämpfe einer vergangenen Ära widerhallten.

Durch akribische Dokumentation und Konservierung stellte Alex sicher, dass das Erbe dieser alten Zivilisation geehrt und für kommende Generationen erforscht wurde. Seine Expedition war ein Zeugnis für die anhaltende Kraft der Archäologie, die Vergangenheit und Gegenwart überbrückt und das verwobene Netz der menschlichen Geschichte beleuchtet.

Vocabulary

Echoes	*Echos*
Archaeology	*Archäologie*
Relic	*Relikt*
Civilization	*Zivilisation*
Ruins	*Ruinen*
Excavate	*Ausgraben*
Artifact	*Artefakt*
Heritage	*Erbe*
Inscription	*Inschrift*
Dynasty	*Dynastie*
Preservation	*Bewahrung*
Ancestral	*Ahnen*
Chronology	*Chronologie*
Expedition	*Expedition*
Restoration	*Wiederherstellung*

Questions About the Story

1. *What is Alex's profession?*

   a) Historian
   b) Archaeologist
   c) Geologist

2. *What did Alex's latest expedition uncover?*

   a) Gold treasures
   b) Relics of a forgotten dynasty
   c) Natural minerals

3. *What was one of the finds during the excavation?*

   a) A golden crown
   b) A vase with inscriptions
   c) A map of the ancient world

4. *What did the ruins hint at?*

   a) The poverty of the civilization
   b) The civilization's architectural genius
   c) The civilization's lack of culture

5. *What was achieved by preserving the artifacts?*

   a) Increased tourism
   b) Financial gain
   c) Restoration of a chapter long erased from history books

Correct Answers:

1. b) Archaeologist
2. b) Relics of a forgotten dynasty
3. b) A vase with inscriptions
4. b) The civilization's architectural genius
5. c) Restoration of a chapter long erased from history books

- Chapter Thirteen -
THE CODEBREAKERS

Die Codeknacker

In einer Welt, die vom Schatten der Spionage bedroht war, stand eine Gruppe von Codeknackern als die unbesungenen Helden der Geheimdienste. Ihre Mission war es, die Chiffren feindlicher Kommunikationen zu knacken, eine Aufgabe, die Meisterschaft in der Kryptographie und ein tiefes Verständnis komplexer Algorithmen erforderte. Jede abgefangene Nachricht war verschlüsselt, in Schichten von Geheimhaltung eingehüllt.

Anna, eine brillante Codeknackerin, arbeitete daran, eine besonders herausfordernde Chiffre zu entschlüsseln, die vertrauliche Informationen enthielt, die für die nationale Sicherheit entscheidend waren. Die Verschlüsselung schien unknackbar, doch Anna und ihr Team setzten ihre Expertise in verdeckten Operationen ein, wissend, dass der Schlüssel zum Entschlüsseln in den verborgenen Mustern innerhalb der Chiffre lag.

Mit fortschrittlichen Algorithmen arbeitete das Team unermüdlich, ihre Bemühungen waren ein Tanz aus Intellekt und Intuition. Überwachungsdaten deuteten auf eine unmittelbare Bedrohung hin, was ihre Aufgabe nicht nur zu einer Frage der Intelligenz, sondern auch der Dringlichkeit machte.

Schließlich, nach tagelangen unermüdlichen Anstrengungen, knackte Anna den Code. Die entschlüsselte Nachricht enthüllte Pläne für Spionage gegen ihr Land, was den Operativen ermöglichte, die Absichten des Feindes abzufangen und zu vereiteln.

Der Erfolg der Codeknacker war ein Zeugnis für die Macht der Geheimdienstarbeit. Während ihre Namen geheim blieben, war ihr Beitrag zur nationalen Sicherheit immens. Sie operierten im Schatten, ihre Siege waren nur wenigen bekannt, doch sie waren Wächter des Friedens in einer Ära verdeckter Kriegsführung.

Vocabulary

Codebreaker	*Codeknacker*
Cipher	*Chiffre*
Encryption	*Verschlüsselung*
Decipher	*Entschlüsseln*
Intelligence	*Intelligenz*
Espionage	*Spionage*
Cryptography	*Kryptographie*
Algorithm	*Algorithmus*
Confidential	*Vertraulich*
Surveillance	*Überwachung*
Operative	*Operativ*
Covert	*Verdeckt*
Intercept	*Abfangen*
Decode	*Dekodieren*
Classified	*Klassifiziert*

Questions About the Story

1. *What was the primary mission of the codebreakers?*

   a) To invent new codes
   b) To crack the ciphers of enemy communications
   c) To spread propaganda

2. *What skill was essential for the codebreakers' mission?*

   a) Physical strength
   b) Mastery in cryptography and understanding of algorithms
   c) Ability to speak multiple languages fluently

3. *What was the nature of the information in the challenging cipher Anna worked on?*

   a) Personal data
   b) Confidential information crucial to national security
   c) Financial records

4. *What approach did Anna and her team take to decipher the encrypted message?*

   a) Guessing the password
   b) Using advanced algorithms and recognizing hidden patterns
   c) Asking the enemy directly

5. *What did the surveillance data hint at?*

   a) A surprise party
   b) An upcoming natural disaster
   c) An imminent threat

Correct Answers:

1. b) To crack the ciphers of enemy communications
2. b) Mastery in cryptography and understanding of algorithms
3. b) Confidential information crucial to national security
4. b) Using advanced algorithms and recognizing hidden patterns
5. c) An imminent threat

- Chapter Fourteen -
THE QUANTUM LEAP

Der Quantensprung

In einem hochmodernen Labor begann eine Gruppe von Wissenschaftlern ein Experiment, das unser Verständnis des Universums verändern könnte. Angeführt von Dr. Emily, einer Physikerin, die sich leidenschaftlich für Quantenmechanik interessierte, zielte das Team darauf ab, Quantenverschränkung in einem nie zuvor erreichten Maßstab zu demonstrieren. Ihre Forschung konzentrierte sich darauf, wie Partikel, einmal miteinander verschränkt, sich augenblicklich beeinflussen konnten, unabhängig von der Entfernung, die sie trennte.

Dr. Emily glaubte, dass die Beherrschung der Verschränkung Türen zu neuen Dimensionen öffnen und möglicherweise Beweise für parallele Universen liefern könnte. Ihre Theorie war, dass diese Quantenverbindungen das Gewebe unserer Realität bildeten, ein Konzept, das die Grenzen zwischen Wissenschaft und den Bereichen des Unbekannten verwischte.

Das Experiment umfasste das Isolieren von Atomen und das gezielte Zuführen von Energie zu ihnen in einer kontrollierten Umgebung. Als der Prozess begann, war das Labor erfüllt von Erwartung. Plötzlich zeigten die Daten ein unerwartetes Muster, das darauf hindeutete, dass die verschränkten Partikel über Dimensionen hinweg kommunizierten.

Dieser Durchbruch war mehr als eine wissenschaftliche Leistung; es war ein Einblick in das Potenzial der Quantenphysik, Technologie und Innovation zu revolutionieren. Dr. Emilys Hypothese deutete auf die Existenz paralleler Universen hin und läutete eine neue Ära der Forschung und Erkundung ein.

Der Quantensprung, den Dr. Emily und ihr Team erreichten, wurde als monumentaler Schritt in der Physik gefeiert, der bewies, dass das Universum weitaus vernetzter und geheimnisvoller ist, als je zuvor angenommen.

Vocabulary

Quantum	*Quanten*
Particle	*Partikel*
Physics	*Physik*
Entanglement	*Verschränkung*
Dimension	*Dimension*
Experiment	*Experiment*
Theory	*Theorie*
Atom	*Atom*
Energy	*Energie*
Parallel universe	*Paralleles Universum*
Innovation	*Innovation*
Breakthrough	*Durchbruch*
Hypothesis	*Hypothese*
Research	*Forschung*
Scientist	*Wissenschaftler*

Questions About the Story

1. *What was the main goal of Dr. Emily and her team's experiment?*

   a) To create a new energy source
   b) To demonstrate quantum entanglement on an unprecedented scale
   c) To invent a time machine

2. *What does quantum entanglement allow particles to do?*

   a) Change color
   b) Affect each other instantaneously, regardless of distance
   c) Become invisible

3. *What potential doors could mastering entanglement unlock according to Dr. Emily?*

   a) New dimensions and evidence of parallel universes
   b) Unlimited energy resources
   c) Faster-than-light travel

4. *What unexpected pattern did the data reveal during the experiment?*

   a) A decrease in energy levels
   b) A simple repeating sequence
   c) That the entangled particles were communicating across dimensions

5. *What did Dr. Emily's hypothesis suggest about the universe?*

   a) That it is finite and well-understood
   b) That it consists solely of what we can see and touch
   c) That it is far more interconnected and mysterious than ever imagined

Correct Answers:

1. b) To demonstrate quantum entanglement on an unprecedented scale
2. b) Affect each other instantaneously, regardless of distance
3. a) New dimensions and evidence of parallel universes
4. c) That the entangled particles were communicating across dimensions
5. a) A glimpse into the potential of quantum physics to revolutionize technology

- Chapter Fifteen -
THE HEALER'S SECRET

Das Geheimnis der Heilerin

In einem kleinen Dorf, eingebettet zwischen sanften Hügeln und üppigen Wäldern, lebte eine Heilerin, die für ihre bemerkenswerten Heilmittel bekannt war. Mariana, mit ihrem tiefen Wissen über Kräuterelixiere, war die Hüterin eines alten Geheimnisses, das über Generationen weitergegeben wurde. Ihr wirksamstes Gebräu fand sich in keinem Buch; es war eine Mischung aus Alchemie, Weisheit und einem Hauch des Mystischen.

Eines Abends kam ein Reisender, der Hilfe für ein Leiden suchte, das niemand heilen konnte. Mariana wusste, dass dies der Moment war, ihr heiligstes Elixier einzusetzen, ein Gebräu aus den seltensten Kräutern, hergestellt nach einem Ritual, das so alt war wie die Zeit selbst. „Dieses Elixier", erklärte sie, „trägt die Essenz der Erde, die Reinheit des Wassers und die Vitalität der Luft."

Während sie das Heilmittel zubereitete, teilte Mariana das Geheimnis ihrer Heilkraft. Es ging nicht nur um die medizinischen Eigenschaften der Kräuter oder die Präzision der Alchemie. Ihre Heilung war zutiefst ganzheitlich, sie bezog den Körper, den Geist und die Seele in die Therapie mit ein. Das Geheimnis, verriet sie, lag im Glauben an die angeborene Heilfähigkeit des Körpers, unterstützt durch die uralte Weisheit des Elixiers.

Der Reisende trank das Elixier, und bis zum Morgen war die Krankheit verschwunden. Das Dorf war erfüllt von Gesprächen über Marianas wunderbare Heilung, doch sie blieb bescheiden. Ihr Geheimnis lag nicht im Trank selbst, sondern in der Tradition der Heilung, die jede Behandlung als Teil einer größeren, ganzheitlichen Therapie sah.

Vocabulary

Healer	Heilerin
Remedy	Heilmittel
Herbal	Kräuter-
Elixir	Elixier
Alchemy	Alchemie
Ancient	Alt
Wisdom	Weisheit
Ritual	Ritual
Cure	Heilung
Secret	Geheimnis
Medicinal	Medizinisch
Potion	Trank
Tradition	Tradition
Holistic	Ganzheitlich
Therapy	Therapie

Questions About the Story

1. *What is Mariana known for in her village?*

    a) Her cooking skills
    b) Her remarkable healing remedies
    c) Her storytelling abilities

2. *What makes Mariana's most potent concoction special?*

    a) It is made from common herbs
    b) It is available in every book
    c) It includes a touch of the mystical

3. *What does the sacred elixir contain according to Mariana?*

    a) Only water
    b) The essence of the earth, the purity of water, and the vitality of
       the air
    c) Toxic substances

4. *What approach does Mariana's healing involve?*

    a) Only physical healing
    b) Only mental healing
    c) Holistic, involving body, mind, and spirit

5. *What was the result of the traveler drinking Mariana's potion?*

    a) The illness worsened
    b) The illness remained the same
    c) The illness vanished by morning

Correct Answers:

1. b) Her remarkable healing remedies
2. c) It includes a touch of the mystical
3. b) The essence of the earth, the purity of water, and the vitality of the air
4. c) Holistic, involving body, mind, and spirit
5. c) The illness vanished by morning

- Chapter Sixteen -
SHADOWS IN THE MIRROR

Schatten im Spiegel

Eva stand vor dem antiken Spiegel, den sie auf dem Dachboden ihrer Großmutter gefunden hatte. Er war dafür bekannt, Spiegelbilder auf eine fast unheimliche Weise zu verzerren. Heute jedoch schien die Oberfläche des Spiegels zu schimmern und bot nicht nur ein verzerrtes Bild, sondern auch einen gespenstischen Einblick in etwas Jenseitiges.

Während sie zuschaute, begann das Spiegelbild sich zu verändern und offenbarte eine in Geheimnisse gehüllte Gestalt. Dies war keine Illusion; es war, als ob der Spiegel als Portal diente, die Grenze zwischen dem Bekannten und dem Obskuren zerschlagend. Die Figur, eine schattenhafte Präsenz, schien sie zu rufen, Geheimnisse aufzudecken, die Eva sich nie hätte vorstellen können.

Getrieben von unstillbarer Neugier berührte Eva mit ihren Fingern das kalte Glas. Zu ihrem Erstaunen zersplitterte die Oberfläche, die Fragmente schwebten in der Luft, jedes Stück eine Illusion von Zeit und Raum, die den Raum um sie herum verzerrte.

Die Figur im Spiegel, nun klar sichtbar, enthüllte ein lange verborgenes Geheimnis. Dieser Spiegel war nicht nur ein Objekt, sondern ein Wächter von Mysterien, ein Relikt aus einer Vergangenheit, in der die Realität nach Belieben verändert werden konnte. Die Figur, ein Beschützer dieser Geheimnisse, vertraute nun Eva, das Rätsel zu lösen und die im Spiegel verborgene Wahrheit zu enthüllen.

Mit einem tiefen Atemzug trat Eva durch den Spiegel in eine Welt, in der die Realität nur ein Fragment der Vorstellungskraft war, bereit zu entdecken, was jenseits der Schatten lag.

Vocabulary

Reflection	*Spiegelbild*
Distort	*Verzerren*
Illusion	*Illusion*
Haunting	*Gespenstisch*
Reveal	*Enthüllen*
Secret	*Geheimnis*
Eerie	*Unheimlich*
Shatter	*Zersplittern*
Figure	*Figur*
Unravel	*Aufdecken*
Mystery	*Mysterium*
Obscure	*Obskur*
Glimpse	*Einblick*
Fragment	*Fragment*
Alter	*Verändern*

Questions About the Story

1. *Where did Eva find the antique mirror?*

   a) In a local store
   b) In her grandmother's attic
   c) At a flea market

2. *What was unique about the mirror?*

   a) It could sing
   b) It distorted reflections in an eerie way
   c) It was unbreakable

3. *How did the mirror's reflection change?*

   a) It became brighter
   b) It showed a different room
   c) It revealed a shadowy figure

4. *What happened when Eva touched the mirror?*

   a) It sang a melody
   b) It shattered, with fragments hanging in the air
   c) It became warm

5. *What did the figure in the mirror turn out to be?*

   a) A lost family member
   b) A portal to another dimension
   c) A protector of secrets

Correct Answers:

1. b) In her grandmother's attic
2. b) It distorted reflections in an eerie way
3. c) It revealed a shadowy figure
4. b) It shattered, with fragments hanging in the air
5. c) A protector of secrets

- Chapter Seventeen -
THE LAST SYMPHONY

Die letzte Symphonie

Im Herzen einer prächtigen Konzerthalle bereitete sich ein Orchester auf eine historische Aufführung vor. Der Dirigent, ein Virtuose bekannt für seine leidenschaftlichen Darbietungen, war bereit, das Finale seiner neuesten Komposition zu leiten. Die Probe war ein Zeugnis ihrer Hingabe, jede Note und jedes Crescendo wurde sorgfältig geübt, um perfekte Harmonie zu erreichen.

Als die Ouvertüre begann, erfüllte die Melodie die Halle, jeder Instrumentalist spielte mit einer Präzision, die der Partitur Leben einhauchte. Die Aufführung war mehr als nur eine Demonstration musikalischen Talents; es war der Höhepunkt jahrelanger harter Arbeit, eine Komposition, die eine Geschichte von Triumphen und Prüfungen erzählte.

Das Finale näherte sich, und der Dirigent hob seinen Taktstock höher, leitete das Orchester durch das Crescendo, das den Höhepunkt der Symphonie markieren sollte. Die Musik erreichte ihren Höhepunkt, hüllte das Publikum in eine Welle der Emotion, bevor sie sich sanft in eine leise Melodie legte, die das Ende signalisierte.

Die Aufführung endete mit tosendem Applaus, Rufe nach einer Zugabe hallten durch die Halle. Es war ein Triumphmoment, nicht nur für den Dirigenten und sein Orchester, sondern für die Kunst der Musik selbst. Diese Symphonie, vielleicht die letzte des Dirigenten, würde als Meisterwerk in Erinnerung bleiben, eine Harmonie der Klänge, die die Konzerthalle überstieg und die Seelen aller berührte, die zuhörten.

Vocabulary

Orchestra	*Orchester*
Crescendo	*Crescendo*
Conductor	*Dirigent*
Rehearsal	*Probe*
Finale	*Finale*
Composition	*Komposition*
Harmony	*Harmonie*
Performance	*Aufführung*
Overture	*Ouvertüre*
Melody	*Melodie*
Score	*Partitur*
Instrumental	*Instrumental*
Encore	*Zugabe*
Virtuoso	*Virtuose*
Applause	*Applaus*

Questions About the Story

1. *Where did the historic performance take place?*

    a) In an open park
    b) In a grand concert hall
    c) In a small jazz club

2. *What was unique about the conductor's latest composition?*

    a) It was composed in a single day
    b) It was performed without rehearsal
    c) It was the finale of his latest composition

3. *What characterized the rehearsal process?*

    a) Lack of interest
    b) Meticulous practice for perfect harmony
    c) Improvisation by the instrumentalists

4. *What did the performance symbolize?*

    a) A simple display of musical talent
    b) The culmination of years of hard work telling a story of
        triumphs and tribulations
    c) An experimental phase of music

5. *What marked the climax of the symphony?*

    a) A sudden silence
    b) A solo performance by the conductor
    c) A crescendo guided by the conductor

Correct Answers:

1. b) In a grand concert hall
2. c) It was the finale of his latest composition
3. b) Meticulous practice for perfect harmony
4. b) The culmination of years of hard work telling a story of triumphs and tribulations
5. c) A crescendo guided by the conductor

- Chapter Eighteen -
WHISPERS OF THE ANCIENT

Flüstern des Alten

Inmitten der weitläufigen Ruinen einer einst großen Zivilisation entdeckte ein Archäologe eine Schriftrolle, deren Ränder abgenutzt waren, aber die Hieroglyphen noch sichtbar. Dieser Fund versprach, die Mythologie und Geheimnisse einer Gesellschaft zu enthüllen, die vor Jahrhunderten blühte. Die Ausgrabungsstätte summte vor Aufregung, als mehr Artefakte freigelegt wurden, jedes ein Hinweis auf die Vergangenheit.

Die Schriftrolle führte das Team zu einer Krypta, verborgen unter Erdschichten, unberührt von der Zeit. In ihrem Inneren waren die Wände mit Inschriften geschmückt, die eine Saga von Triumphen und Niederlagen, von Göttern und Sterblichen erzählten. Unter den Relikten fiel ein besonders auffälliges Artefakt auf – eine Statue, die das Erbe einer ganzen Zivilisation in sich trug.

Als sie die Hieroglyphen entschlüsselten, schienen die Flüstern der Alten durch die Ruinen zu hallen und die Geschichten, die Jahrtausende lang stumm geblieben waren, zum Leben zu erwecken. Diese Entdeckung ging nicht nur um das Ausgraben von Relikten; es ging darum, die Verbindung zur Vergangenheit wiederherzustellen und das Erbe derer zu ehren, die zuvor gekommen waren.

Der Archäologe, stehend inmitten der Ruinen, fühlte eine tiefe Verbindung zur alten Zivilisation. Die Flüstern der Vergangenheit hatten ihre Geheimnisse enthüllt und der modernen Welt einen Einblick in das Leben derer gewährt, die die Geschichte geformt hatten.

Vocabulary

Ruins	*Ruinen*
Civilization	*Zivilisation*
Scroll	*Schriftrolle*
Archaeologist	*Archäologe*
Hieroglyphs	*Hieroglyphen*
Mythology	*Mythologie*
Excavation	*Ausgrabung*
Artifact	*Artefakt*
Ancient	*Antik*
Inscription	*Inschrift*
Legacy	*Erbe*
Unearth	*Ausgraben*
Relic	*Relikt*
Crypt	*Krypta*
Saga	*Saga*

Questions About the Story

1. *What did the archaeologist discover among the ruins?*

    a) A modern tool
    b) An ancient scroll
    c) A digital device

2. *What was significant about the scroll?*

    a) It was completely blank
    b) It contained modern art
    c) It promised to unveil the mythology of an ancient civilization

3. *Where did the scroll lead the team?*

    a) To a modern city
    b) Back to their campsite
    c) To a hidden crypt

4. *What adorned the walls of the crypt?*

    a) Graffiti
    b) Movie posters
    c) Inscriptions of the civilization's saga

5. *Which artifact caught everyone's eye inside the crypt?*

    a) A modern sculpture
    b) A statue with the civilization's legacy
    c) A plastic model

Correct Answers:

1. b) An ancient scroll
2. c) It promised to unveil the mythology of an ancient civilization.
3. c) To a hidden crypt
4. c) Inscriptions of the civilization's saga
5. b) A statue with the civilization's legacy

- Chapter Nineteen -
THE CELESTIAL EVENT

Das himmlische Ereignis

In einem abgelegenen Observatorium hoch auf einem Berg beobachtete ein Astronom den Nachthimmel, wartend auf ein himmlisches Ereignis, das seit Jahrhunderten nicht mehr zu sehen war. Die Galaxie stand kurz davor, eine Show aus Meteorregen, einer Sonnenfinsternis und dem Vorbeizug eines hellen Kometen zu bieten, alle mit bloßem Auge sichtbar.

Mit dem Teleskop auf den Himmel gerichtet, staunte der Astronom über die Leuchtkraft des sich nähernden Kometen, dessen Schweif gegen den kosmischen Hintergrund glühte. Das Observatorium wurde zum Treffpunkt für jene, die begierig darauf waren, die Ausrichtung von Planeten und Sternen zu beobachten, die eine Konstellation bildeten, die Geschichten aus alter Zeit erzählte.

Als die Sonnenfinsternis begann und einen Schatten über das Observatorium warf, hielt jeder den Atem an. Das solare Phänomen verdunkelte den Himmel, aber es waren die plötzlichen Meteorschauer, die Staunen unter den Anwesenden auslösten. Die Nacht war erfüllt von Licht und Farbe, ein Zeugnis für die endlosen Wunder des Universums.

Das Ereignis war mehr als eine wissenschaftliche Kuriosität; es war eine Erinnerung an die Weite des Raums und unseren Platz darin. Für den Astronomen war es ein Moment tiefer Verbindung mit dem Himmlischen, eine Erinnerung daran, warum das Kosmos ihn immer gerufen hatte.

Vocabulary

Meteor	*Meteor*
Eclipse	*Sonnenfinsternis*
Galaxy	*Galaxie*
Observatory	*Observatorium*
Astronomer	*Astronom*
Celestial	*Himmlisch*
Comet	*Komet*
Telescope	*Teleskop*
Phenomenon	*Phänomen*
Orbit	*Umlaufbahn*
Constellation	*Konstellation*
Luminosity	*Leuchtkraft*
Solar	*Solar*
Cosmic	*Kosmisch*
Alignment	*Ausrichtung*

Questions About the Story

1. *Where is the observatory located?*

   a) In a bustling city
   b) Deep underwater
   c) High on a mountain

2. *What celestial phenomena were expected during the event?*

   a) Rainbow and sunshine
   b) Snowfall and thunderstorms
   c) Meteor showers, an eclipse, and a comet

3. *What captivated the astronomer's attention through the telescope?*

   a) A distant galaxy
   b) The luminosity of the approaching comet
   c) A spaceship

4. *What did the observatory become a gathering place for?*

   a) A music concert
   b) Those eager to witness the celestial alignment
   c) A science fair

5. *What was the crowd's reaction to the meteor streaks?*

   a) Indifference
   b) Fear
   c) Gasps of amazement

Correct Answers:

1. c) High on a mountain
2. c) Meteor showers, an eclipse, and a comet
3. b) The luminosity of the approaching comet
4. b) Those eager to witness the celestial alignment
5. c) Gasps of amazement

- Chapter Twenty -
THE UNSEEN WORLD

Die unsichtbare Welt

In einer ruhigen Stadt, umhüllt von Geheimnissen, veranstaltete eine Hellseherin, bekannt für ihre Verbindung zum Paranormalen, eine Séance, um die unsichtbare Welt zu erkunden. Der Raum, schwach erleuchtet durch Kerzen, war gefüllt mit neugierigen Menschen, die darauf hofften, Entitäten jenseits der physischen Welt zu sehen oder mit ihnen zu kommunizieren.

Als die Hellseherin in Trance fiel, wurde die Luft ätherisch, und ein Kälteschauer breitete sich im Raum aus. Ein Gespenst, eine Erscheinung aus einer anderen Dimension, manifestierte sich vor den erstaunten Anwesenden. Seine Aura war ein pulsierendes Licht, sichtbar nur für die Hellseherin, die die Präsenz in lebhaften Details beschrieb.

Das Gespenst, gebunden an die Erde durch ungelöste Heimsuchungen, übermittelte Nachrichten durch Telepathie, eine Brücke zwischen den Lebenden und dem Übernatürlichen. Die Hellseherin vermittelte diesen Austausch, enthüllte Geheimnisse und beruhigte die Unruhe des Poltergeistes, der in einem der Gästehäuser für Störungen gesorgt hatte.

Am Ende der Séance fand die Erscheinung Frieden, beendete ihr Spuken und zog sich aus der physischen Welt zurück. Die Teilnehmer waren erstaunt, nachdem sie den Rand der übernatürlichen Welt berührt hatten, eine Erinnerung daran, dass unsere Realität nur ein Bruchteil dessen ist, was jenseits des Schleiers der Wahrnehmung existiert.

Vocabulary

Paranormal	*Paranormal*
Entity	*Entität*
Specter	*Gespenst*
Psychic	*Hellseherin*
Haunt	*Heimsuchen*
Ether	*Äther*
Seance	*Séance*
Apparition	*Erscheinung*
Clairvoyant	*Hellsichtig*
Poltergeist	*Poltergeist*
Dimension	*Dimension*
Aura	*Aura*
Supernatural	*Übernatürlich*
Manifestation	*Manifestation*
Telepathy	*Telepathie*

Questions About the Story

1. *What was the purpose of the seance hosted by the psychic?*

   a) To celebrate a festival
   b) To explore the unseen world
   c) To conduct a scientific experiment

2. *How did the room change as the psychic entered a trance?*

   a) It became brightly lit
   b) It filled with music
   c) A chill spread throughout the room

3. *What manifested before the attendees during the seance?*

   a) A gust of wind
   b) A specter
   c) A firework display

4. *How did the psychic communicate with the apparition?*

   a) Using a phone
   b) Through telepathy
   c) By writing letters

5. *What issue was the specter causing before finding peace?*

   a) It was lost and needed directions
   b) It was causing disturbances in a guest's home
   c) It was stealing items from the psychic

Correct Answers:

1. b) To explore the unseen world
2. c) A chill spread throughout the room
3. b) A specter
4. b) Through telepathy
5. b) It was causing disturbances in a guest's home

- Chapter Twenty-One -
SECRETS OF THE DEEP SEA

Geheimnisse der Tiefsee

Tief unter der Oberfläche des Ozeans, wo kaum Licht eindringt, liegt der Abgrund, ein Reich der Tiefsee, umhüllt von Geheimnissen. Hier, in den tiefen Tiefen, begab sich ein Team von Wissenschaftlern an Bord eines Tauchfahrzeugs auf eine Erkundungsmission, um die Geheimnisse dieses unberührten Ökosystems zu enthüllen.

Während sie in den Graben hinabstiegen, umhüllte sie die Dunkelheit, durchbrochen nur durch die blendende Biolumineszenz mariner Kreaturen. Dieses Unterwasserspektakel glich einem kosmischen Tanz, in dem Arten von Flora und Fauna, die dem menschlichen Auge verborgen waren, in den hydrothermalen Ventilen gediehen und eine Oase des Lebens in der abyssalen Ebene schufen.

Die aquatischen Forscher waren fasziniert von den Korallenformationen, die das Rückgrat dieses Tiefsee-Ökosystems bildeten und eine Vielzahl von Lebensformen unterstützten. Unter ihnen lauerten Raubtiere, perfekt an die Dunkelheit angepasst, die sich auf ihre biolumineszenten Fähigkeiten verließen, um ihre Beute anzulocken.

Diese Tauchfahrt in die Tiefen offenbarte das komplexe Gleichgewicht des Ökosystems der Tiefsee, in dem jedes Organismus eine Rolle spielte, um das Leben zu erhalten. Die Wissenschaftler dokumentierten neue Arten und trugen zu unserem Verständnis der weiten und geheimnisvollen Welt des Ozeans bei.

Ihre Erkundung hob die Bedeutung des Schutzes dieser Unterwasser-Grenzen hervor, wo die Geheimnisse der Lebenskraft und Anpassungsfähigkeit in der Tiefe liegen, weit entfernt von menschlicher Reichweite.

Vocabulary

Abyss	*Abgrund*
Bioluminescence	*Biolumineszenz*
Submersible	*Tauchfahrzeug*
Marine	*Marin*
Trench	*Graben*
Ecosystem	*Ökosystem*
Aquatic	*Aquatisch*
Species	*Arten*
Coral	*Korallen*
Hydrothermal	*Hydrothermal*
Depth	*Tiefe*
Exploration	*Erkundung*
Predator	*Raubtier*
Flora	*Flora*
Fauna	*Fauna*

Questions About the Story

1. *What is the primary objective of the scientists' mission in the story?*

    a) To explore an ancient shipwreck
    b) To uncover the secrets of the deep sea ecosystem
    c) To find buried treasure

2. *What phenomenon allows the scientists to see in the deep, dark depths of the ocean?*

    a) Moonlight filtering through the water
    b) Electric lights from the submersible
    c) The reflection of sunlight on the ocean surface

3. *What serves as the backbone of the deep-sea ecosystem according to the story?*

    a) Marine predators
    b) Plankton
    c) Coral formations

4. *How do predators in the deep sea attract their prey?*

    a) By moving silently in the dark
    b) By using bioluminescent abilities
    c) By creating vibrations in the water

5. *What was a significant outcome of the scientists' exploration?*

    a) The discovery of a new island
    b) The documentation of new species
    c) Finding a lost city

Correct Answers:

1. b) To uncover the secrets of the deep sea ecosystem
2. b) Electric lights from the submersible
3. c) Coral formations
4. b) By using bioluminescent abilities
5. b) The documentation of new species

- Chapter Twenty-Two -
THE ILLUSIONIST'S GAME

Das Spiel des Illusionisten

Unter dem Scheinwerferlicht einer großen Bühne bereitete sich ein Illusionist darauf vor, ein begieriges Publikum mit einer Darbietung zu verzaubern, die die Grenzen zwischen Realität und dem Unvorstellbaren verwischte. Die Show versprach eine Reihe von Täuschungen, von Fingerfertigkeit bis hin zu Kunststücken der Zauberkunst, jedes Kunststück sorgfältig geplant, um abzulenken und zu fesseln.

Als das Licht dimmte, machte der Illusionist einen dramatischen Auftritt und fesselte das Publikum von dem Moment an, in dem er erschien. Sein erster Akt war eine klassische Darstellung von Trickkunst, bei der Objekte scheinbar in Luft auflösten, nur um an den unerwartetsten Orten wieder aufzutauchen. Das Publikum keuchte vor Staunen, ihr Applaus beflügelte den Enthusiasmus des Illusionisten.

Die Vorstellung steigerte sich mit jedem Akt, von schwebenden Objekten, die der Schwerkraft trotzten, bis hin zu einer Flucht, die unmöglich schien. Der Illusionist, ein Meister der Irreführung, führte das Publikum durch ein Labyrinth von Rätseln, jedes verwirrender als das letzte.

Für das Finale kündigte der Illusionist einen Trick an, der noch nie zuvor auf der Bühne versucht worden war. Mit dem Publikum am Rande ihrer Sitze levitierte er, stieg über die Bühne auf, ohne sichtbare Unterstützung. Das Spektakel erreichte seinen Höhepunkt, als er plötzlich verschwand, nur um unter dem Publikum wieder aufzutauchen, was alle in Ungläubigkeit zurückließ.

Das Spiel des Illusionisten war eine meisterhafte Mischung aus Täuschung und Kunstfertigkeit, eine Erinnerung an die Macht der Illusion, zu verzaubern und zu mystifizieren. Als sich der Vorhang schloss, blieb das Publikum nachdenklich über die Geheimnisse hinter der Magie, ein Zeugnis für das Können des Illusionisten, das Unmögliche in Realität zu verwandeln.

Vocabulary

Illusionist	*Illusionist*
Deception	*Täuschung*
Trickery	*Trickkunst*
Sleight of hand	*Fingerfertigkeit*
Misdirection	*Irreführung*
Prestidigitation	*Zauberkunst*
Enigma	*Rätsel*
Performance	*Vorstellung*
Disappear	*Verschwinden*
Levitate	*Levitieren*
Escape	*Flucht*
Reveal	*Enthüllen*
Audience	*Publikum*
Stage	*Bühne*
Illusion	*Illusion*

Questions About the Story

1. What type of performance did the illusionist prepare for the audience?

    a) A musical concert
    b) A dance recital
    c) A magic show

2. Which technique did the illusionist use to captivate the audience initially?

    a) Singing
    b) Sleight of hand
    c) Storytelling

3. What was the audience's reaction to the illusionist's tricks?

    a) Boredom
    b) Confusion
    c) Amazement

4. How did the illusionist escalate the performance?

    a) By reducing the number of tricks
    b) By performing simpler tricks
    c) By introducing more complex illusions

5. What was the illusionist's final trick?

    a) Telling jokes
    b) Levitating and disappearing
    c) Reciting poetry

Correct Answers:

1. c) A magic show
2. b) Sleight of hand
3. c) Amazement
4. c) By introducing more complex illusions
5. b) Levitating and disappearing

- Chapter Twenty-Three -
THE FORGOTTEN PATH

Der vergessene Pfad

In einem Land, in dem die Wildnis noch immer alte Geheimnisse flüsterte, gab es einen Pfad, längst vergessen und von der Natur zurückerobert. Dieser Pfad, umhüllt von Legenden, führte angeblich zu einem Ort mystischen Erbes, einem Leuchtfeuer für diejenigen, die mutig genug waren, seinen rätselhaften Verlauf zu durchqueren.

Elena, eine Sucherin nach verlorenen Geschichten, wurde von Erzählungen dieses Pfades aus ihrer Ahnenvergangenheit verzaubert. Ihre Suche galt nicht nur der Entdeckung, sondern auch dem Enthüllen der Wahrheiten, die in Einsamkeit und Schatten verschleiert waren. Mit Entschlossenheit betrat sie den Pfad, die Wildnis empfing sie nicht als verlassenes Land, sondern als Reich unerzählter Geschichten, die darauf warteten, zurückerobert zu werden.

Während Elena reiste, offenbarte der Pfad seine Geheimnisse in Flüstern und Zeichen. Jeder Schritt war ein Tanz mit den Rätseln der Vergangenheit und führte sie näher an das Leuchtfeuer, das ihre Vorfahren einst gesucht hatten. Der Pfad, von vielen aufgegeben, war ein Zeugnis für die Einsamkeit, die notwendig ist, um das eigene Erbe wirklich zu verstehen.

Schließlich, am Ende der Reise, stand Elena vor einem alten Leuchtfeuer, dessen Licht längst erloschen, doch immer noch ergreifend war. Hier enthüllte sie die Wahrheit ihrer Suche – dass der Pfad selbst die Legende war, eine mystische Reise durch Einsamkeit und Wildnis, die die Gegenwart mit der Ahnenvergangenheit verband.

In der Stille des vergessenen Pfades fand Elena nicht nur das Echo derer, die vor ihr gingen, sondern auch eine erneuerte Verbindung zu ihrem Erbe, eine mystische Bindung, geschmiedet in der Einsamkeit ihrer Suche.

Vocabulary

Path	*Pfad*
Wilderness	*Wildnis*
Reclaim	*Zurückerobert*
Legend	*Legende*
Quest	*Suche*
Enigma	*Rätsel*
Veil	*Verschleiern*
Traverse	*Durchqueren*
Ancestral	*Ahnen-*
Beacon	*Leuchtfeuer*
Unveil	*Enthüllen*
Mystical	*Mystisch*
Heritage	*Erbe*
Forsaken	*Verlassen*
Solitude	*Einsamkeit*

Questions About the Story

1. *What does the forgotten path lead to?*

   a) A hidden treasure
   b) A place of mystical heritage
   c) A modern city

2. *Why does Elena decide to follow the path?*

   a) To find a hidden treasure
   b) To escape from danger
   c) To unveil the truths veiled in solitude and shadows

3. *What does Elena discover at the end of her journey?*

   a) An ancient beacon
   b) A map to another treasure
   c) A new species of plant

4. *What is the path described as being reclaimed by?*

   a) The ocean
   b) Nature
   c) A lost civilization

5. *What reveals the path's secrets to Elena?*

   a) A guidebook
   b) Whispers and signs from nature
   c) A local villager

Correct Answers:

1. b) A place of mystical heritage
2. c) To unveil the truths veiled in solitude and shadows
3. a) An ancient beacon
4. b) Nature
5. b) Whispers and signs from nature

- Chapter Twenty-Four -
MIDNIGHT AT THE OASIS

Mitternacht an der Oase

Mitternacht an der Oase war eine Zeit wie keine andere. Die Oase, ein Zufluchtsort in der weiten Wüste, verwandelte sich unter dem mondbeschienenen Himmel in einen friedvollen Hafen. Nachtaktive Kreaturen regten sich leise, ihre Flüstern kaum hörbar über den ruhigen Wassern. Es war eine Szene, umhüllt in Mystik, wo jedes Schatten- und Lichtspiel auf dem Sand alte Geschichten von Reisenden und Karawanen erzählte, die in ihrer Umarmung Zuflucht suchten.

In einer solchen Nacht, als die Sterne leuchtend über ihnen hingen und ein verzauberndes Leuchten auf das Wasser warfen, schien eine Fata Morgana am Rande der Oase aufzutauchen. Sie flüsterte von verlorenen Städten und verborgenen Schätzen, von Geheimnissen, die durch die Zeit verschleiert waren. Diejenigen, die es gesehen hatten, sprachen von Offenbarungen, die so real wie der Sand unter ihren Füßen wirkten, doch so flüchtig wie der Wind.

Die Oase, mit ihrer ruhigen Schönheit und mystischen Aura, war mehr als nur eine Wasserquelle; sie war ein Leuchtfeuer für diejenigen, die in der Wüste verloren waren, ein Wegweiser zurück zum gesuchten Pfad. Ihre verzaubernde Präsenz war eine Erinnerung an das delikate Gleichgewicht zwischen der Härte der Wildnis und der Ruhe, die darin gefunden werden konnte.

In diesem einzigartigen Moment, unter dem mondbeschienenen und sternklaren Himmel, offenbarte sich die Oase nicht nur als physischer Zufluchtsort, sondern als Portal zu einem tieferen Verständnis der unsichtbaren Mystik der Welt. Es war ein Ort, an dem die verschleierte Nacht Offenbarungen brachte, wo die ruhigen Wasser nicht nur den Mond, sondern die leuchtende Essenz des Lebens selbst spiegelten.

Vocabulary

Oasis	*Oase*
Mirage	*Fata Morgana*
Nocturnal	*Nachtaktiv*
Serenity	*Ruhe*
Moonlit	*Mondbeschienen*
Whisper	*Flüstern*
Tranquil	*Ruhig*
Veiled	*Verschleiert*
Revelations	*Offenbarungen*
Sanctuary	*Zufluchtsort*
Luminous	*Leuchtend*
Mystique	*Mystik*
Caravan	*Karawane*
Respite	*Zuflucht*
Enchanting	*Verzaubernd*

Questions About the Story

1. What transforms the oasis at midnight?

    a) The desert sun
    b) The moonlit sky
    c) A sandstorm

2. What is said to appear at the edge of the oasis?

    a) A caravan
    b) A mirage
    c) A lost city

3. What did the mirage whisper of?

    a) Upcoming danger
    b) Lost cities and hidden treasures
    c) Water sources

4. What role does the oasis serve for those lost in the desert?

    a) A source of food
    b) A trap
    c) A beacon and guide

5. What does the oasis symbolize?

    a) The harshness of nature
    b) A balance between wilderness and serenity
    c) The end of a journey

Correct Answers:

1. b) The moonlit sky
2. b) A mirage
3. b) Lost cities and hidden treasures
4. c) A beacon and guide
5. b) A balance between wilderness and serenity

- Chapter Twenty-Five -
THE HIDDEN VALLEY

Das verborgene Tal

In einer Welt voller Lärm und Bewegung existierte ein abgelegenes Tal, unberührt von der Hand der Zeit. Dieses verborgene Tal, umhüllt von Nebeln und verborgen vor den Augen der modernen Welt, war eine Utopie, geschaffen von der Natur. Innerhalb seiner Grenzen erstreckten sich üppige Landschaften, ein Teppich aus Flora und Fauna, gedeihend unter dem dichten Blätterdach alter Bäume.

Eine Expedition, angetrieben von Erzählungen über seine unerforschte Schönheit und beispiellose Biodiversität, machte sich auf, dieses Heiligtum zu erkunden. Das Team, erfahren in ihren Quests nach natürlichen Offenbarungen, betrat behutsam das unberührte Land, sich der zarten Balance bewusst, die ein solches Bestehen ermöglichte.

Je tiefer sie vordrangen, desto mehr offenbarte das Tal seine Bewohner, Kreaturen aus Legende und Wissenschaft, die in Harmonie mitten in der üppigen Wildnis lebten. Die Luft war erfüllt vom Chor des Unsichtbaren, und jeder Schritt brachte eine neue Erkenntnis über die Komplexität der natürlichen Welt.

Die Entdeckung des verborgenen Tals war nicht nur eine Expedition; es war eine Reise ins Herz des Naturheiligtums. Es erinnerte diejenigen, die seine Pfade wanderten, an die Bedeutung der Erhaltung und des Respekts für die Biodiversität, die unsere Welt erhält.

Die Geschichte des verborgenen Tals verbreitete sich, eine Erzählung von einer Utopie, die jenseits menschlicher Einflüsse existierte, eine Erinnerung an die unerforschten Wunder der Welt, die darauf warten, respektvoll erkundet und bewahrt zu werden.

Vocabulary

Valley	*Tal*
Secluded	*Abgelegen*
Flora	*Flora*
Fauna	*Fauna*
Verdant	*Üppig*
Canopy	*Blätterdach*
Utopia	*Utopie*
Shrouded	*Umhüllt*
Expedition	*Expedition*
Biodiversity	*Biodiversität*
Sanctuary	*Heiligtum*
Pristine	*Unberührt*
Inhabitants	*Bewohner*
Revelation	*Offenbarung*
Uncharted	*Unerforscht*

Questions About the Story

1. *What is the primary setting of "The Hidden Valley" story?*

    a) A bustling city
    b) A secluded valley
    c) A modern laboratory

2. *What motivates the expedition in the story?*

    a) The search for gold
    b) A tale of its uncharted beauty and unparalleled biodiversity
    c) A rescue mission

3. *What does the valley symbolize in the story?*

    a) Danger and mystery
    b) Greed and conquest
    c) Nature's sanctuary and the importance of preservation

4. *How do the explorers interact with the valley?*

    a) They exploit its resources
    b) They tread softly, conscious of the delicate balance
    c) They ignore the natural beauty

5. *What kind of creatures is suggested to inhabit the valley?*

    a) Mythical beasts
    b) Domestic animals
    c) Creatures of both legend and science

Correct Answers:

1. b) A secluded valley
2. b) A tale of its uncharted beauty and unparalleled biodiversity
3. c) Nature's sanctuary and the importance of preservation
4. b) They tread softly, conscious of the delicate balance
5. c) Creatures of both legend and science

- Chapter Twenty-Six -
THE ALCHEMIST'S DIARY

Das Tagebuch des Alchemisten

In einer verstaubten Ecke einer alten Bibliothek, eingebettet in einen Stapel vergessener Manuskripte, lag das Tagebuch eines antiken Alchemisten. Dieses Tagebuch, gebunden in Leder und gezeichnet von der Zeit, enthielt die geheime Weisheit und die Suche seines Besitzers. Seine Seiten, gefüllt mit der Schrift einer vergangenen Ära, erzählten eine Geschichte der Transmutation, die Suche nach dem Elixier des Lebens und das ultimative Ziel des Alchemisten: den Stein der Weisen.

Der Alchemist, nur durch die rätselhaften Einträge im Tagebuch bekannt, sprach von Experimenten und Tränken, Formeln mit Präzision geschrieben, und der Offenbarung von Geheimnissen, die Unsterblichkeit versprachen. Sein Lebenswerk war ein Codex der Alchemie, ein Weg, Blei in Gold zu verwandeln, die Geheimnisse des Universums zu enthüllen und vor allem, einen Zustand jenseits der sterblichen Hülle zu erreichen.

Während sich die Geschichte entfaltete, wurde klar, dass die Reise des Alchemisten nicht nur um die physische Transformation von Elementen ging, sondern um eine tiefere, spirituellere Suche. Das Tagebuch enthüllte seine innersten Gedanken über Leben, Tod und die Natur der Existenz selbst. Durch sein Manuskript teilte der Alchemist seine Trankrezepte, jeder Schritt näher an der ultimativen Offenbarung.

Doch endete das Tagebuch abrupt, seine letzten Seiten verloren in der Zeit. Die Suche nach dem Stein der Weisen blieb ungelöst, was die Leser darüber spekulieren ließ, ob der Alchemist jemals seinen Traum von Unsterblichkeit erreichte. Das Tagebuch stand als Zeugnis für sein Lebenswerk, ein Leuchtfeuer des Wissens, das den Weg für zukünftige Suchende des Geheimen erleuchtete.

Vocabulary

Alchemist	*Alchemist*
Diary	*Tagebuch*
Transmutation	*Transmutation*
Elixir	*Elixier*
Arcane	*Geheim*
Philosopher's stone	*Stein der Weisen*
Alchemy	*Alchemie*
Quest	*Suche*
Immortality	*Unsterblichkeit*
Formula	*Formel*
Enigmatic	*Rätselhaft*
Codex	*Codex*
Manuscript	*Manuskript*
Potion	*Trank*
Revelation	*Offenbarung*

Questions About the Story

1. *What was discovered in a dusty corner of an old library?*

    a) An alchemist's diary
    b) A map to hidden treasure
    c) An ancient potion

2. *What did the alchemist's diary contain?*

    a) Directions to a hidden valley
    b) A story of adventure and love
    c) Arcane wisdom and quests

3. *What was the alchemist's ultimate goal mentioned in the diary?*

    a) To find a legendary city
    b) To achieve immortality
    c) To become the ruler of a kingdom

4. *How did the alchemist plan to achieve his goal?*

    a) By mastering swordsmanship
    b) Through the creation of the philosopher's stone
    c) By winning a duel against a dragon

5. *What did the alchemist's quest involve, according to the diary?*

    a) Time travel to the future
    b) Physical and spiritual transformation
    c) Building a castle

Correct Answers:

1. a) An alchemist's diary
2. c) Arcane wisdom and quests
3. b) To achieve immortality
4. b) Through the creation of the philosopher's stone
5. b) Physical and spiritual transformation

- Chapter Twenty-Seven -
THE FLIGHT OF THE FALCON

Der Flug des Falken

Hoch über dem weiten und offenen Terrain segelte ein Falke nahe dem Horizont, seine Flügel weit ausgebreitet, um die Weite des Himmels zu umarmen. Dieser majestätische Vogel, bekannt für seine unvergleichliche Geschwindigkeit und Präzision, überwachte sein Territorium mit scharfer Wachsamkeit. Das Gefieder des Falken glänzte unter der Sonne, ein Zeugnis seiner Schönheit und Stärke.

Von seinem Horst hoch auf einem felsigen Kliff hatte der Falke bei Morgendämmerung den Flug angetreten, navigierte die Luftströmungen mit angeborenem Instinkt und Anmut. Er glitt mühelos, seine Augen scharf auf den Boden gerichtet, auf der Suche nach Beute. Die Welt darunter war ein verschwommener Fleck, doch nichts entging dem scharfen Blick des Falken.

Als er eine Bewegung erkannte, spannte sich der Körper des Falken an, bereit zum Abstieg. Mit einem plötzlichen Geschwindigkeitsschub stieg er leicht auf, um dann schnell auf sein Ziel hinabzustoßen. Die Präzision seiner Jagd, ein Tanz des Lebens und Überlebens, war beeindruckend. Der Falke, ein Geschöpf des Himmels, verkörperte den Geist der Freiheit und die unermüdliche Verfolgung seiner Wünsche.

Als der Tag zu Ende ging und der Falke zu seinem Horst zurückkehrte, setzte sich der Zyklus seines täglichen Lebens fort. Jeder Flug war eine Reise, jede Jagd eine Herausforderung. Die Welt des Falken, hoch über dem Boden, war eine von ständiger Wachsamkeit und majestätischer Schönheit, ein Reich, in dem nur der Himmel die Grenze ist.

Vocabulary

Falcon	*Falke*
Soar	*Segeln*
Horizon	*Horizont*
Majestic	*Majestätisch*
Prey	*Beute*
Aerie	*Horst*
Velocity	*Geschwindigkeit*
Navigate	*Navigieren*
Plumage	*Gefieder*
Instinct	*Instinkt*
Gliding	*Gleiten*
Territory	*Territorium*
Precision	*Präzision*
Ascend	*Aufsteigen*
Vigilance	*Wachsamkeit*

Questions About the Story

1. *What is the falcon known for?*

   a) Unparalleled velocity and precision
   b) Singing
   c) Swimming

2. *Where does the falcon take flight from?*

   a) A tree
   b) The ground
   c) A rocky cliff

3. *What does the falcon use to navigate?*

   a) Maps
   b) The stars
   c) Air currents

4. *What time of day does the falcon's activity begin?*

   a) At dawn
   b) At noon
   c) At dusk

5. *What aspect of the falcon's hunt is emphasized?*

   a) The precision
   b) The slowness
   c) The playfulness

Correct Answers:

1. a) Unparalleled velocity and precision
2. c) A rocky cliff
3. c) Air currents
4. a) At dawn
5. a) The precision

- Chapter Twenty-Eight -
THE SAPPHIRE EYE

Das Saphirauge

In einem von Rätseln umhüllten Reich existierte ein Artefakt von unvergleichlicher Schönheit und Macht: Das Saphirauge. Dieser Edelstein, ein strahlendes Erbstück, das über Generationen weitergegeben wurde, besaß mystische Eigenschaften, die nur wenigen bekannt waren. Sein tiefblaues Leuchten konnte die dunkelsten Ecken erhellen und Wahrheiten offenbaren, die von der Zeit verborgen wurden.

Die Legende des Saphirauges war mit dem Schicksal seiner Hüter verwoben, einer Linie, die damit beauftragt war, sein Erbe vor denen zu schützen, die seine Macht für böse Zwecke begehrten. Es hieß, die Klarheit des Edelsteins könne bezaubern und erleuchten und Orientierung für diejenigen bieten, die als würdig erachtet wurden.

Eines Nachts, unter dem Mantel der Dunkelheit, wurde eine Nachfahrin der Hüter, Lyla, zur alten Schmiede gerufen, wo das Saphirauge aufbewahrt wurde. Das Artefakt, das mit einem hypnotisierenden Glühen pulsierte, lockte sie näher heran. Als sie den Saphir berührte, intensivierte sich sein Leuchten und warf ein strahlendes Licht, das ein lang verlorenes Erbe ihrer Vorfahren enthüllte.

Lyla erkannte, dass der Edelstein nicht nur ein Erbstück war, sondern ein Hoffnungssymbol, ein Zeichen von Einheit und Stärke. Unter seiner Obhut begann sie eine Quest, um die Schatten zu besiegen, die ihr Reich bedrohten. Das Saphirauge, mit seinem mystischen Strahlen, leitete ihren Weg, sein Erbe ein Zeugnis für die andauernde Macht des Lichts über die Dunkelheit.

Die Geschichte des Saphirauges und seiner Hüter wurde zur Legende, eine Erzählung von Mut und Klarheit, die alle fesselte, die sie hörten, und sie an das Licht erinnerte, das im Herzen der Dunkelheit wohnt.

Vocabulary

Sapphire	*Saphir*
Enigma	*Rätsel*
Heirloom	*Erbstück*
Illuminate	*Erhellen*
Gemstone	*Edelstein*
Mystical	*Mystisch*
Legend	*Legende*
Artifact	*Artefakt*
Guardianship	*Hüterschaft*
Radiance	*Strahlen*
Clarity	*Klarheit*
Coveted	*Begehrt*
Forge	*Schmiede*
Legacy	*Erbe*
Enthrall	*Bezaubern*

Questions About the Story

1. *What is the Sapphire Eye?*

    a) A mystical artifact of unparalleled beauty and power
    b) A simple gemstone with no significance
    c) A map to a hidden treasure

2. *What unique property does the Sapphire Eye possess?*

    a) It can turn lead into gold
    b) Its deep blue radiance can illuminate the darkest corners
    c) It grants the owner immortality

3. *What is the main goal of the guardianship lineage associated with the Sapphire Eye?*

    a) To use its power for malevolence
    b) To protect its legacy from those who covet its power
    c) To sell the gemstone to the highest bidder

4. *What does the Sapphire Eye's clarity offer to those deemed worthy?*

    a) Wealth and prosperity
    b) Guidance and enlightenment
    c) A passage to another dimension

5. *How does the Sapphire Eye guide Lyla in her quest?*

    a) By speaking to her
    b) By casting a radiant light that unveils a long-lost legacy
    c) By transforming into a weapon

Correct Answers:

1. a) A mystical artifact of unparalleled beauty and power
2. b) Its deep blue radiance can illuminate the darkest corners
3. b) To protect its legacy from those who covet its power
4. b) Guidance and enlightenment
5. b) By casting a radiant light that unveils a long-lost legacy

- Chapter Twenty-Nine -
THE INVISIBLE CITY

Die unsichtbare Stadt

Im Herzen einer pulsierenden Metropole erzählten geflüsterte Gerüchte von einer Unsichtbaren Stadt, einem Ort, der durch den Schleier der Realität verborgen war. Diese Stadt, ein architektonisches Wunder, existierte parallel zur bekannten Welt, ihre Fassaden ätherisch, schimmernd wie eine Fata Morgana am Rand der Wahrnehmung. Für Uneingeweihte war sie nur eine urbane Legende, eine rätselhafte Geschichte, die über Generationen weitergegeben wurde.

Eva, eine begeisterte Stadterkunderin, war von der Legende fasziniert. Angetrieben von dem Wunsch, die Wahrheit aufzudecken, begab sie sich auf die Suche nach der Unsichtbaren Stadt. Ihre Reise führte sie durch vergessene Durchgänge und gespenstische Gassen, jeder Schritt brachte sie näher an das Enthüllen der schwer fassbaren Metropole.

Als die Sonne hinter dem Horizont versank und Schatten wie Gespenster tanzten, stolperte Eva über eine Fassade, die mit jedem Blinzeln zu verschwinden und wiederzuercheinen schien. Es war das Tor zur Unsichtbaren Stadt, ein Anblick so faszinierend, dass er jeglicher Logik trotzte.

Als sie durch den Schleier trat, fand sich Eva in einem ätherischen Glühen wieder. Die Stadt vor ihr war atemberaubend, ihre Strukturen widersprachen architektonischen Normen, schwebend in einem rätselhaften Tanz zwischen Sichtbarem und Unsichtbarem.

Evas Entdeckung der Unsichtbaren Stadt war eine Offenbarung, ein Moment, der die Grenzen von urbaner Legende und Realität überstieg. Ihre Erkundung enthüllte eine Welt jenseits des Gewöhnlichen, eine gespenstische Metropole, die verborgen geblieben war, doch greifbar für diejenigen, die es wagten, über den Schleier hinauszublicken.

Vocabulary

Concealed	*Verborgen*
Mirage	*Fata Morgana*
Architectural	*Architektonisch*
Facade	*Fassade*
Ethereal	*Ätherisch*
Vanish	*Verschwinden*
Urban legend	*Urbane Legende*
Mystify	*Mystifizieren*
Veil	*Schleier*
Uncover	*Aufdecken*
Metropolis	*Metropole*
Illusive	*Schwer fassbar*
Spectral	*Gespenstisch*
Urban exploration	*Stadterkundung*
Phantom	*Gespenst*

Questions About the Story

1. *What is the main setting of "The Invisible City"?*

    a) A bustling metropolis
    b) A secluded valley
    c) A dense forest

2. *What captivates Eva to embark on her quest?*

    a) A hidden treasure
    b) A family heirloom
    c) An urban legend

3. *How is the Invisible City described?*

    a) As a technological utopia
    b) As an architectural marvel
    c) As an underwater city

4. *What does Eva use to find the Invisible City?*

    a) A magical compass
    b) Urban exploration skills
    c) A secret map

5. *What phenomenon does Eva witness as she finds the city?*

    a) A building that moves
    b) A facade that vanishes and reappears
    c) A floating island

Correct Answers:

1. a) A bustling metropolis
2. c) An urban legend
3. b) As an architectural marvel
4. b) Urban exploration skills
5. b) A facade that vanishes and reappears

- Chapter Thirty -
LEGENDS OF THE HIGHLANDS

Legenden der Highlands

In den nebligen Highlands, wo Geschichten, alt wie die Zeit, durch die Moore und Seen flüstern, gibt es eine Legende, verwoben in das sehr Gewebe der Clans. Die Geschichte spricht von einem alten Tartan, einem Symbol der Einheit und des Mutes unter den Clansmännern, bekannt für seine lebhaften Farben und Muster, die für jeden Clan einzigartig sind. Dieser Tartan war nicht nur ein Stoff; er war ein Wappen der Ehre, ein Erbe der Ahnen, tief verwurzelt in den gälischen Traditionen.

In einer mondbeleuchteten Nacht, begleitet vom Klang der Dudelsäcke, die durch das Tal hallten, entfaltete sich eine Saga – die Geschichte eines Tapferen aus dem Clan MacLeod, der sich in die Moore wagte, um einen gestohlenen Tartan zurückzuerobern. Der Tartan, dem nachgesagt wurde, die mythische Kraft der Highlands zu besitzen, sollte seinen Trägern im Kampf zum Sieg verhelfen.

Geführt von den eindringlichen Melodien der Dudelsäcke durchquerte der Tapfere die raue Landschaft, sein Herz fest auf die Highland-Spiele gerichtet, wo die Saga ihren Höhepunkt erreichen sollte. Als er den See erreichte, enthüllte ein Schleier aus Nebel das verborgene Tal, offenbarte eine Szene vereinter Clans, deren Tartans sich zu einem Teppich aus Folklore und Erbe vermischten.

Mit dem zurückeroberten Tartan über den Schultern wurde die Saga des Tapferen zur Legende, eine Geschichte, die durch Generationen weitergegeben wurde, und alle an den beständigen Geist und die Mystik der Highlands erinnerte.

Vocabulary

Highlands	*Highlands*
Clan	*Clan*
Tartan	*Tartan*
Bagpipes	*Dudelsäcke*
Folklore	*Folklore*
Loch	*See*
Moor	*Moor*
Braveheart	*Tapferer*
Ancestry	*Ahnen*
Crest	*Wappen*
Gaelic	*Gälisch*
Myth	*Mythos*
Battle	*Kampf*
Highland games	*Highland-Spiele*
Saga	*Saga*

Questions About the Story

1. *What is the ancient tartan a symbol of among the clansmen in the Highlands?*

   a) Victory
   b) Unity and bravery
   c) Wealth

2. *What unique quality does the tartan possess according to the legend?*

   a) It can change colors
   b) It is imbued with mythic power
   c) It can become invisible

3. *Who ventures into the moors to reclaim the stolen tartan?*

   a) A bard from the clan MacGregor
   b) A chieftain from the clan MacDonald
   c) A braveheart from the clan MacLeod

4. *What guides the braveheart through his journey to reclaim the tartan?*

   a) The light of the full moon
   b) A map left by his ancestors
   c) The haunting melodies of the bagpipes

5. *Where does the saga of the braveheart and the tartan reach its crescendo?*

   a) At a castle siege
   b) During a feast in the great hall
   c) At the Highland games

Correct Answers:

1. b) Unity and bravery
2. b) It is imbued with mythic power
3. c) A braveheart from the clan MacLeod
4. c) The haunting melodies of the bagpipes
5. c) At the Highland games

- Chapter Thirty-One -
THE DESERT ROSE

Die Wüstenrose

Im Herzen der trockenen Wüste, wo die Sonne herrscht und der Sand alte Geschichten flüstert, blüht ein Rätsel namens Wüstenrose. Inmitten von Dünen, die sich wie Wellen in einem Meer aus Sand erstrecken, birgt eine einsame Oase diese seltene Flora, ein Zeugnis für die Widerstandsfähigkeit in der Einsamkeit.

Ein Karawanenzug von Nomaden, geleitet von den Sternen und alten, durch Generationen geflüsterten Wegen, stieß auf diese Fata Morgana. Doch anders als die Illusionen, die oft am Horizont tanzten, war diese Oase echt, ihre Ruhe ein starker Kontrast zu der sengenden Weite, die sie durchquert hatten. Unter ihnen erkannte ein Beduine, der die Geheimnisse der Wüste gut kannte, in der Wüstenrose ein Symbol für Überleben und Ausdauer.

Als ein Sandsturm heranzog, wirbelnd mit der Kraft von tausend Geistern, suchten die Nomaden Schutz. Der Sturm, ein heftiger Beschützer der Geheimnisse der Wüste, konnte den Geist derer, die ihre Essenz verehrten, nicht abschrecken. In der Ruhe, die folgte, stand die Oase mit ihrer widerstandsfähigen Rose unversehrt da, ihre Schönheit ungetrübt.

Diese Begegnung wurde zur Legende unter den Nomaden, eine Geschichte einer Expedition, die mehr als nur Überleben offenbarte; sie enthüllte eine tiefe Ruhe und die dauerhafte Verbindung zwischen der Wüste und ihren Bewohnern. Die Wüstenrose, mit ihrer stillen Kraft, blühte weiter, ein ewiges Leuchtfeuer für diejenigen, die die Weiten der Einsamkeit navigieren.

Vocabulary

Arid	*Trocken*
Oasis	*Oase*
Mirage	*Fata Morgana*
Nomad	*Nomade*
Dunes	*Dünen*
Caravan	*Karawane*
Scorching	*Sengend*
Sandstorm	*Sandsturm*
Flora	*Flora*
Resilience	*Widerstandsfähigkeit*
Solitude	*Einsamkeit*
Expedition	*Expedition*
Survival	*Überleben*
Bedouin	*Beduine*
Serenity	*Ruhe*

Questions About the Story

1. *Where does the Desert Rose bloom?*

   a) In a dense jungle
   b) In an arid desert
   c) Atop a snowy mountain

2. *What symbolizes resilience and solitude in the story?*

   a) A sandstorm
   b) The Desert Rose
   c) A caravan of nomads

3. *What led the nomads to the Desert Rose?*

   a) A map
   b) The stars and ancient routes
   c) A local guide

4. *What did the nomads initially think the oasis was?*

   a) A common watering hole
   b) A mirage
   c) A settled village

5. *What is the Desert Rose a symbol of, according to a Bedouin?*

   a) Danger
   b) Wealth
   c) Survival and endurance

Correct Answers:

1. b) In an arid desert
2. b) The Desert Rose
3. b) The stars and ancient routes
4. b) A mirage
5. c) Survival and endurance

- Chapter Thirty-Two -
THE POLAR MYSTERY

Das Polargeheimnis

In der weiten, eisigen Weite der Arktis brach ein entschlossenes Expeditionsteam auf, um die Geheimnisse zu entschlüsseln, die unter Schichten von Permafrost verborgen lagen. Als sie tiefer in diese abgelegene Wildnis vordrangen, umgeben von Gletschern und weiten Tundren, erleuchtete die Schönheit der Aurora ihren Weg und warf ein ätherisches Leuchten auf die schneebedeckte Landschaft.

Isolation war ein ständiger Begleiter, nur gelegentlich unterbrochen durch die Sichtung eines Polarbären oder das ferne Krachen eines brechenden Eisbergs, die ihnen in Erinnerung riefen, dass sie nicht völlig allein in dieser gefrorenen Welt waren. Die harschen Bedingungen testeten ihre Widerstandsfähigkeit, da sie sich den Gefahren von Unterkühlung und Erfrierungen stellten, während sie sich durch Schneeverwehungen und Whiteouts, die ihre Sicht versperrten, navigierten.

Ihr Schlitten, beladen mit Vorräten, war ihre Lebensader, die es ihnen ermöglichte, das eisige Gelände zu durchqueren und Iglus als temporäre Schutzräume gegen die beißende Kälte aufzubauen. Jedes Teammitglied kannte die Risiken, war aber getrieben von einer gemeinsamen Leidenschaft für die Erforschung und den Nervenkitzel der Entdeckung.

Während die Expedition fortschritt, legte das Team Geheimnisse frei, die lange von der eisigen Umklammerung der Arktis bewahrt wurden, und gewann Einblicke in die ökologische Vergangenheit und Gegenwart der Region. Ihre Reise war ein Zeugnis für menschlichen Mut und die unermüdliche Suche nach Wissen, ein Polargeheimnis, das sich mit jedem zurückgelegten Kilometer durch die arktische Wildnis langsam enthüllte.

Vocabulary

Arctic	*Arktis*
Expedition	*Expedition*
Permafrost	*Permafrost*
Aurora	*Aurora*
Isolation	*Isolation*
Glacier	*Gletscher*
Hypothermia	*Unterkühlung*
Polar bear	*Polarbär*
Iceberg	*Eisberg*
Sled	*Schlitten*
Igloo	*Iglu*
Frostbite	*Erfrierungen*
Tundra	*Tundra*
Snowdrift	*Schneeverwehung*
Whiteout	*Whiteout*

Questions About the Story

1. *What was the main objective of the expedition team in the Arctic?*

    a) To explore the vast tundras
    b) To uncover mysteries beneath the permafrost
    c) To study the aurora

2. *What natural phenomenon illuminated the team's path at night?*

    a) The moon
    b) The stars
    c) The northern lights (aurora)

3. *What were the main threats the expedition team faced in the Arctic?*

    a) Hypothermia and frostbite
    b) Wild animals
    c) Avalanches

4. *What did the team use to navigate and shelter themselves in the Arctic?*

    a) Snowmobiles and tents
    b) Sleds and igloos
    c) Helicopters and cabins

5. *How did the expedition team feel about their journey?*

    a) Scared and unprepared
    b) Excited and driven by passion
    c) Indifferent and uninterested

Correct Answers:

1. b) To uncover mysteries beneath the permafrost
2. c) The northern lights (aurora)
3. a) Hypothermia and frostbite
4. b) Sleds and igloos
5. b) Excited and driven by passion

- Chapter Thirty-Three -
THE NAVIGATOR'S QUEST

Die Suche des Navigators

In einer Zeit der Entdeckungen machte sich ein geschickter Navigator auf die Suche, unbekannte Gewässer zu kartografieren. Bewaffnet mit einem Sextanten und unerschütterlichem Geist stach er in See, um die genauen Längen- und Breitengrade unerforschter Länder zu bestimmen. Seine Odyssee durch die maritime Welt war nicht nur eine Reise; es war eine Quest nach Wissen, geleitet von himmlischer Navigation und den Sternen.

Dieser Navigator, auch ein gelehrter Kartograf, zeichnete seine Reise akribisch in einem Logbuch auf, jede Entdeckung und Herausforderung detailliert festhaltend. Mit der Windrose zur Orientierung und himmlischen Körpern, die seinen Weg wiesen, navigierte er durch tückische und ruhige Gewässer gleichermaßen.

Sein Ziel war es, den Globus zu umsegeln, die Konturen der Welt zu kartieren und die Punkte zwischen Meridianen und Äquator, die die Erde teilen, zu verbinden. Seine Karten wurden zu einem Leuchtfeuer für zukünftige Seefahrer, ein Zeugnis für den Mut und die Neugier, die den menschlichen Geist definieren.

Durch Stürme und Stille offenbarte die Quest des Navigators neue Horizonte und trug zu unserem Verständnis der gewaltigen Weiten des Planeten bei. Seine Reise, eine bemerkenswerte Odyssee maritimer Erforschung, unterstrich die Bedeutung von Präzision, Tapferkeit und der ewigen Suche nach Entdeckung.

Vocabulary

Navigator	*Navigator*
Sextant	*Sextant*
Longitude	*Längengrad*
Latitude	*Breitengrad*
Cartographer	*Kartograf*
Odyssey	*Odyssee*
Maritime	*Maritim*
Celestial navigation	*Himmlische Navigation*
Compass rose	*Windrose*
Chart	*Karte*
Voyage	*Reise*
Meridian	*Meridian*
Equator	*Äquator*
Circumnavigate	*Umsegeln*
Logbook	*Logbuch*

Questions About the Story

1. What was the main tool used by the navigator to determine the precise longitude and latitude of unexplored lands?

    a) Compass
    b) Sextant
    c) Telescope

2. What was the primary goal of the navigator's quest?

    a) To find treasure
    b) To circumnavigate the globe
    c) To escape pirates

3. Which navigation method was used by the navigator to guide his path?

    a) Celestial navigation
    b) GPS navigation
    c) Dead reckoning

4. What did the navigator meticulously record in?

    a) A diary
    b) A novel
    c) A logbook

5. What symbol did the navigator use for direction?

    a) Compass rose
    b) North Star
    c) Lighthouse

Correct Answers:

1. b) Sextant
2. b) To circumnavigate the globe
3. a) Celestial navigation
4. c) A logbook
5. a) Compass rose

- Chapter Thirty-Four -
THE BRIDGE BETWEEN WORLDS

Die Brücke zwischen den Welten

In einem verborgenen Laboratorium, eingenistet zwischen den Falten der Realität, entdeckte ein Wissenschaftler eine dimensionale Anomalie, die auf die Existenz paralleler Universen hinwies. Diese Spalte, für das ungeübte Auge nur eine winzige Quantenfluktuation, war ein Portal zu einer alternativen Realität. Als der Wissenschaftler tiefer in die interstellaren Geheimnisse eindrang, stieß er auf einen Konvergenzpunkt – ein Wurmloch, das als Brücke zwischen den Welten diente.

Indem er das Gefüge des Raums selbst nutzte, schuf er ein Gerät, das in der Lage war, zeitliche und dimensionale Grenzen zu überschreiten. Diese bahnbrechende Erfindung ermöglichte es, nicht nur über Distanzen, sondern auch über verschiedene Dimensionen hinweg zu teleportieren und das Multiversum in all seiner Komplexität zu offenbaren.

Die erste Reise durch das Portal war ein Sprung ins Unbekannte. Der Wissenschaftler fand sich in einem parallelen Universum wieder, in dem die Gesetze der Physik auf unvorstellbare Weise verändert waren. Diese alternative Realität war sowohl faszinierend als auch unheimlich und stellte sein Verständnis von Existenz selbst auf die Probe.

Während er weiterforschte und durch die Risse und Wurmlöcher navigierte, begegnete er alternativen Realitätsversionen. Jedes Universum barg einzigartige Geheimnisse, die darauf warteten, entdeckt zu werden. Die Brücke zwischen den Welten war nicht nur ein Pfad zur Erkundung, sondern auch ein Bindeglied zum Verständnis des gewaltigen Potentials des Multiversums.

Die Entdeckung der Brücke zwischen den Welten markierte eine neue Ära in der Wissenschaft, in der die Erforschung des Dimensionalen und des Interstellaren möglich wurde. Die Arbeit des Wissenschaftlers überstieg seine Lebenszeit, eröffnete Türen zu endlosen Möglichkeiten und stellte die Natur der Realität selbst in Frage.

Vocabulary

Dimensional	*Dimensional*
Portal	*Portal*
Rift	*Spalte*
Parallel universe	*Paralleles Universum*
Interstellar	*Interstellar*
Quantum	*Quanten*
Anomaly	*Anomalie*
Transcend	*Überschreiten*
Temporal	*Zeitlich*
Convergence	*Konvergenz*
Wormhole	*Wurmloch*
Fabric of space	*Gefüge des Raums*
Alternate reality	*Alternative Realität*
Teleportation	*Teleportation*
Multiverse	*Multiversum*

Questions About the Story

1. *What did the scientist discover in the laboratory?*

    a) A dimensional anomaly
    b) A new chemical element
    c) A time machine

2. *What did the dimensional anomaly hint at?*

    a) The existence of parallel universes
    b) The end of the universe
    c) A hidden treasure

3. *What did the scientist use to transcend dimensional boundaries?*

    a) A magic spell
    b) A spacecraft
    c) A device harnessing the fabric of space

4. *What did the scientist's invention allow for?*

    a) Time travel
    b) Teleportation across dimensions
    c) Invisibility

5. *Where did the scientist find himself after using the portal?*

    a) A parallel universe
    b) The past
    c) The future

Correct Answers:

1. a) A dimensional anomaly
2. a) The existence of parallel universes
3. c) A device harnessing the fabric of space
4. b) Teleportation across dimensions
5. a) A parallel universe

- Chapter Thirty-Five -
THE CLOCKMAKER'S INVENTION

Die Erfindung des Uhrmachers

Im Herzen eines malerischen Dorfes arbeitete ein Uhrmacher unermüdlich in seiner Werkstatt, die weit und breit für ihre Präzision und Innovation bekannt war. Sein neuestes Projekt sollte sein Meisterwerk werden, eine Uhr mit einem Mechanismus, komplizierter als je zuvor. Diese Uhr sollte nicht nur die Zeit anzeigen, sondern dies mit einer Genauigkeit tun, die ihresgleichen suchte. Die Zahnräder, jedes mit akribischer Handwerkskunst gefertigt, waren so konzipiert, dass sie in perfekter Harmonie arbeiteten und eine Symphonie aus Ticktack erzeugten.

Das Herzstück dieser Erfindung war ein Automat, ein Wunder der Technik, das zu jeder vollen Stunde einen komplizierten Tanz aufführte. Der Uhrmacher steckte sein ganzes Herz in jedes Detail, vom gleichmäßigen Schwingen des Pendels bis zur Kalibrierung des Hemmungsmechanismus, der den Rhythmus der Uhr bestimmte.

Nach monatelanger Arbeit war die Uhr fertig. Der Bauplan für dieses Wunder war Wirklichkeit geworden, und als der Uhrmacher die Uhr zum ersten Mal aufzog, versammelte sich das Dorf, um deren Enthüllung zu bezeugen. Als sich die Zeiger bewegten und der Automat zum Leben erwachte, keuchte die Menge erstaunt über die Präzision der Uhr und die Schönheit ihrer Bewegung.

Diese Uhr wurde zur Legende, ein Symbol einer Epoche des Handwerks und der Innovation. Ihr Chronograph war nicht nur ein Werkzeug zur Zeitmessung, sondern ein Zeugnis für das Können und die Hingabe des Uhrmachers. Diese Erfindung war sein Erbe, ein zeitloses Stück, das die Zeiten überdauerte und alle, die es sahen, mit seiner Komplexität und dem Genie seines Schöpfers fesselte.

Vocabulary

Precision	*Präzision*
Mechanism	*Mechanismus*
Innovation	*Innovation*
Gears	*Zahnräder*
Timepiece	*Zeitmesser*
Craftsmanship	*Handwerkskunst*
Automaton	*Automat*
Intricate	*Kompliziert*
Pendulum	*Pendel*
Blueprint	*Bauplan*
Wind (a clock)	*Aufziehen*
Calibration	*Kalibrierung*
Epoch	*Epoche*
Chronograph	*Chronograph*
Escapement	*Hemmung*

Questions About the Story

1. *What was the clockmaker known for in the village?*

    a) His storytelling
    b) His precision and innovation
    c) His gardening skills

2. *What was unique about the clockmaker's latest project?*

    a) It could fly
    b) It was made of gold
    c) It told time with unmatched accuracy

3. *What did the centerpiece of the clock do each hour?*

    a) Sang a song
    b) Performed an intricate dance
    c) Changed colors

4. *What was the reaction of the villagers when they saw the clock for the first time?*

    a) They were bored
    b) They gasped in amazement
    c) They left the village

5. *What symbolized the clockmaker's legacy?*

    a) A book
    b) A statue
    c) The timepiece

Correct Answers:

1. b) His precision and innovation
2. c) It told time with unmatched accuracy
3. b) Performed an intricate dance
4. b) They gasped in amazement
5. c) The timepiece

- Chapter Thirty-Six -
THE SECRET SOCIETY

Die Geheime Gesellschaft

T ief in den verborgenen Schichten der Stadt versammelte sich eine geheime Gesellschaft. Umhüllt von Geheimhaltung und gebunden durch einen Eid, beteiligten sich die Mitglieder an nur ihnen bekannten Ritualen. In jener Nacht entfaltete sich ein Initiationsritual, gekennzeichnet durch alte Hieroglyphen und das feierliche Lesen eines Codex, eines Tomes von geheimem Wissen und Rätseln, geschützt durch die Bruderschaft.

Die Zeremonie, durchtränkt mit Symbolik, prüfte die Treue des Initianden durch eine Chiffre, die die Geheimnisse der Gesellschaft enthüllte, eine Tradition, die auf die Illuminaten und die Freimaurerei zurückgeht. Verschleierte Gestalten, jeder ein Hüter der Mysterien, beobachteten in Stille.

Mit dem Abschluss des Rituals schwor der Initiand einen Eid, der ihre Loyalität besiegelte. Als sich die Versammlung auflöste, blieb ihre Verbindung, im Schatten geschmiedet, bestehen, ein Zeugnis für das dauerhafte Erbe ihrer esoterischen Gemeinschaft.

Vocabulary

Clandestine	*Heimlich*
Initiation	*Initiation*
Ritual	*Ritual*
Hieroglyph	*Hieroglyphe*
Codex	*Codex*
Enigma	*Rätsel*
Cipher	*Chiffre*
Allegiance	*Treue*
Veiled	*Verschleiert*
Brotherhood	*Bruderschaft*
Illuminati	*Illuminaten*
Arcane	*Geheim*
Freemasonry	*Freimaurerei*
Symbology	*Symbolik*
Oath	*Eid*

Questions About the Story

1. *What was the primary activity of the society mentioned in the story?*

    a) Public gatherings
    b) Ritualistic ceremonies
    c) Art exhibitions

2. *Which of the following elements marked the initiation ritual?*

    a) The lighting of candles
    b) A dance performance
    c) Ancient hieroglyphs

3. *What did the initiate have to decipher to prove their allegiance?*

    a) A riddle
    b) A cipher
    c) A map

4. *To which historical traditions were the society's practices compared?*

    a) Roman and Greek mythology
    b) Illuminati and freemasonry
    c) The Knights Templar and the Crusades

5. *What bound the members of the society?*

    a) A mutual interest in politics
    b) A shared background in academia
    c) An oath of loyalty

Correct Answers:

1. b) Ritualistic ceremonies
2. c) Ancient hieroglyphs
3. b) A cipher
4. b) Illuminati and freemasonry
5. c) An oath of loyalty

- Chapter Thirty-Seven -
THE CRYSTAL CAVERN

Die Kristallhöhle

Unter der Erdoberfläche entdeckte ein Abenteurer eine verborgene Kristallhöhle, deren Eingang gerade breit genug war, um hindurchzupassen. Im Inneren war die Höhle ein Schauspiel leuchtender Schönheit. Stalaktiten und Stalagmiten, wie uralte Wächter, trafen in der Mitte zusammen und bildeten kristalline Säulen, die mit einem ätherischen Schimmer funkelten.

Die Luft war kühl und erfüllt vom Klang tropfenden Wassers, jeder Tropfen hallte von den Höhlenwänden wider. Mitten in den Formationen offenbarte sich eine große Geode, deren Quarzkristalle das schwache Licht einfingen und Regenbogenfarben in der Höhle verteilten. Der Abenteurer, bewandert in der Speläologie, staunte über die natürliche Architektur, ein unterirdisches Wunder, geformt von der Zeit selbst.

Als er tiefer vordrang, navigierte er durch enge Schluchten und über Karstlandschaften, wobei jeder Schritt weitere verborgene Schätze der Höhle offenbarte. In einer abgelegenen Grotte strahlte eine Spalte in der Felswand ein sanftes, überirdisches Licht aus, das die Höhle mit einer mystischen Aura erfüllte.

Die Kristallhöhle, mit ihrer natürlichen Schönheit und wissenschaftlichen Wunder, erinnerte an die verborgenen Wunder der Erde, die darauf warten, von denen entdeckt zu werden, die mutig genug sind, sich ins Unbekannte zu wagen.

Vocabulary

Stalactite	*Stalaktit*
Stalagmite	*Stalagmit*
Luminescent	*Leuchtend*
Geode	*Geode*
Mineral	*Mineral*
Speleology	*Speläologie*
Glimmer	*Schimmer*
Crystalline	*Kristallin*
Formation	*Formation*
Subterranean	*Unterirdisch*
Grotto	*Grotte*
Quartz	*Quarz*
Chasm	*Schlucht*
Karst	*Karst*
Fissure	*Spalte*

Questions About the Story

1. What did the adventurer discover beneath the earth's surface?

   a) A hidden city
   b) A crystal cavern
   c) An underground river

2. What natural formations met in the middle to form crystalline columns?

   a) Rivers and lakes
   b) Stalactites and stalagmites
   c) Rocks and minerals

3. What kind of light did the quartz crystals in the large geode cast across the cavern?

   a) A blinding white light
   b) Rainbow hues
   c) A dim blue glow

4. Which science's knowledge did the adventurer possess that helped in marveling at the natural architecture?

   a) Biology
   b) Chemistry
   c) Speleology

5. What emitted a soft, otherworldly light in a secluded grotto?

   a) A glowing animal
   b) A fissure in the rock face
   c) A hidden lantern

Correct Answers:

1. b) A crystal cavern
2. b) Stalactites and stalagmites
3. b) Rainbow hues
4. c) Speleology
5. b) A fissure in the rock face

- Chapter Thirty-Eight -
THE GUARDIAN OF THE FOREST

Der Hüter des Waldes

In einem üppigen, grünen Wald lebte eine Hüterin namens Aria. Sie war keine gewöhnliche Hüterin; sie war eine sylvanische Wächterin, beauftragt mit dem Schutz der Flora und Fauna ihrer Heimat. Das Blätterdach oben war dicht und ließ nur wenige Sonnenstrahlen auf den Boden fallen. Aria war eine geschickte Druidin, deren Kräfte von dem alten Hain, in dem sie lebte, verzaubert wurden.

Eines Tages bemerkte Aria, dass Teile des Waldes zu welken begannen. Sie wusste, dass sie handeln musste, um den Erhalt ihres Lebensraums zu sichern. Sie wagte sich tiefer in die Wildnis, wo sie auf eine mythische Nymphe in Not traf. Die Nymphe erzählte Aria von einem Totem, das die Kraft hatte, den Wald wiederherzustellen, aber nun verloren war.

Entschlossen machte sich Aria auf die Suche nach dem Totem. Unterwegs begegnete sie verschiedenen Herausforderungen, aber ihr Entschluss schwächte sich nie. Nach Tagen der Suche entdeckte Aria das Totem, versteckt unter einem Blätterhaufen im ältesten Teil des Waldes.

Sie brachte das Totem zurück in den Hain und führte ein altes Ritual durch. Langsam begann der Wald zu heilen. Bäume blühten auf, Tiere kehrten zurück, und das Blätterdach war wieder ein lebendiges Gewebe aus Grün. Aria hatte ihr Zuhause gerettet.

Von diesem Tag an wurde Aria nicht nur als Hüterin, sondern als Heldin des Waldes verehrt. Sie setzte ihre wachsamen Augen fort und sorgte für die Sicherheit und den Erhalt aller Lebewesen im Wald.

Vocabulary

Guardian	*Hüter*
Sylvan	*Sylvanisch*
Sentinel	*Wächter*
Flora	*Flora*
Fauna	*Fauna*
Canopy	*Blätterdach*
Druid	*Druide*
Enchanted	*Verzaubert*
Grove	*Hain*
Totem	*Totem*
Conservation	*Erhaltung*
Habitat	*Lebensraum*
Wilderness	*Wildnis*
Mythical	*Mythisch*
Nymph	*Nymphe*

Questions About the Story

1. *Who is the guardian of the forest?*

   a) A mythical nymph
   b) A sylvan sentinel named Aria
   c) A lost totem

2. *What problem did Aria notice in the forest?*

   a) A wildfire
   b) Parts of the forest were beginning to wither
   c) An invasion of pests

3. *Who did Aria find in distress during her quest?*

   a) A polar bear
   b) A fellow druid
   c) A mythical nymph

4. *What did the mythical nymph tell Aria about?*

   a) A secret pathway
   b) A hidden treasure
   c) A totem with the power to restore the forest

5. *Where did Aria find the totem?*

   a) In a crystal cavern
   b) Beneath a pile of leaves in the oldest part of the forest
   c) At the top of the highest tree

Correct Answers:

1. b) A sylvan sentinel named Aria
2. b) Parts of the forest were beginning to wither
3. c) A mythical nymph
4. c) A totem with the power to restore the forest
5. b) Beneath a pile of leaves in the oldest part of the forest

- Chapter Thirty-Nine -
THE ANCIENT PACT

234

Der alte Pakt

In einem abgelegenen Dorf versammelten sich jährlich die Nachkommen eines alten Stammes, um einen vor langer Zeit mit einer Gottheit geschlossenen Pakt zu ehren. Dieser Bund, verwurzelt in der Weisheit der Ahnen, umfasste den Schutz einer heiligen Reliquie, eines Amuletts, dem man immense Macht zuschrieb. Das Gelübde, dieses Erbe zu schützen, war tief in der Kultur des Stammes verwurzelt und symbolisierte eine Verbindung zwischen dem Sterblichen und dem Göttlichen.

Jedes Jahr wurde ein Ritual durchgeführt, um die Segnungen der Gottheit zu beschwören und den Wohlstand des Stammes zu sichern. Diese Zeremonie umfasste die Präsentation des Amuletts, umgeben von Stammesältesten, die Gebete sprachen. Die Prophezeiung sagte voraus, dass solange das Amulett im Dorf verbliebe, die Menschen vor jedem Fluch geschützt wären und die Gunst der Gottheit genießen würden, was ihnen eine fast unsterbliche Existenz gewährte.

Die wahre Prüfung dieses Paktes kam jedoch, als Außenstehende drohten, das Amulett für sich zu nehmen. Der Stamm, geeint durch ihre heilige Pflicht, stand fest gegen das Eindringen und zeigte ihr unerschütterliches Engagement für den alten Schwur. Ihr Erfolg beim Schutz des Amuletts bestätigte die Stärke des alten Paktes und sicherte ihr Erbe für zukünftige Generationen.

Vocabulary

Pact	*Pakt*
Covenant	*Bund*
Ancestral	*Ahnen-*
Relic	*Reliquie*
Vow	*Gelübde*
Sacred	*Heilig*
Amulet	*Amulett*
Legacy	*Erbe*
Prophecy	*Prophezeiung*
Ritual	*Ritual*
Summon	*Beschwören*
Deity	*Gottheit*
Tribal	*Stammes-*
Curse	*Fluch*
Immortal	*Unsterblich*

Questions About the Story

1. *What is the main reason the tribe gathers annually in the remote village?*

    a) To celebrate a harvest festival
    b) To honor a pact made with a deity
    c) To elect new tribal leaders

2. *What is the sacred relic mentioned in the story?*

    a) A golden crown
    b) An ancient sword
    c) An amulet

3. *What does the ritual involve?*

    a) A dance around a fire
    b) The presentation of the amulet surrounded by chanting
    c) A feast with exotic foods

4. *What is promised by the prophecy related to the amulet?*

    a) Eternal wealth
    b) Victory in battle
    c) Protection from curses and the deity's favor

5. *How did the tribe react to the threat of outsiders wanting the amulet?*

    a) They fled the village
    b) They negotiated peace
    c) They stood firm and protected the amulet

Correct Answers:

1. b) To honor a pact made with a deity
2. c) An amulet
3. b) The presentation of the amulet surrounded by chanting
4. c) Protection from curses and the deity's favor
5. c) They stood firm and protected the amulet

- Chapter Forty -
THE TOWER OF DREAMS

Der Turm der Träume

Eli, ein junger Visionär, träumte davon, die Spitze des Turms der Träume zu erreichen, einem Ort, an dem Bestrebungen Wirklichkeit werden. Der Turm, umhüllt von ätherischem Nebel, stand am Rand eines fantastischen Reiches, seine Spitze verlor sich in den Wolken. Ihn zu erklimmen, bedeutete, ein Labyrinth aus Illusionen und Trugbildern zu durchqueren, was Ehrgeiz und Entschlossenheit herausforderte.

Mit unbeirrbarem Ehrgeiz begann Eli seine Reise. Der Weg war traumartig, gefüllt mit Visionen, die die Grenze zwischen Realität und Fantasie verwischten. Auf jeder Ebene bot ein Portal Einblicke in verschiedene Reiche und lockte Eli mit der Erfüllung seiner tiefsten Wünsche.

Das Parapet des Turms, kurz vor dem Gipfel, stellte die letzte Herausforderung dar: zwischen Illusion und wahrer Bestrebung zu unterscheiden. Eli, geleitet von seiner inneren Vision, durchschaute die Fata Morgana und verstand, dass wahre Ambition Opfer und Entschlossenheit erforderte.

Als er den Gipfel erreichte, fand Eli nicht nur die Erfüllung seiner Träume, sondern auch eine neue Perspektive. Der Turm war nicht nur eine physische Herausforderung, sondern eine Reise der Selbstentdeckung, die ihm lehrte, dass das Streben nach eigenen Träumen ein ätherischer Aufstieg über bloßen Ehrgeiz hinaus war.

Vocabulary

Tower	Turm
Aspiration	Bestrebung
Labyrinth	Labyrinth
Mirage	Trugbild
Summit	Gipfel
Visionary	Visionär
Ascend	Erklimmen
Illusion	Illusion
Parapet	Parapet
Dreamlike	Traumartig
Ambition	Ambition
Ethereal	Ätherisch
Portal	Portal
Fantastical	Fantastisch
Realm	Reich

Questions About the Story

1. *What is the main goal of Eli in the story?*

    a) To find a lost treasure
    b) To reach the summit of the Tower of Dreams
    c) To escape from a fantastical realm

2. *What does the Tower of Dreams symbolize?*

    a) The power of nature
    b) A test of physical strength
    c) The journey of self-discovery and the realization of one's
       ambitions

3. *What challenges does Eli face in the Tower of Dreams?*

    a) Labyrinths of illusion and mirage
    b) Fierce monsters
    c) Harsh weather conditions

4. *How does Eli's path to the tower's summit best described?*

    a) Straightforward and uneventful
    b) Dreamlike, blurring reality and fantasy
    c) Filled with physical obstacles and barriers

5. *What was the final challenge before the summit?*

    a) A battle with a guardian
    b) A complex puzzle
    c) To distinguish between illusion and true aspiration

Correct Answers:

1. b) To reach the summit of the Tower of Dreams
2. c) The journey of self-discovery and the realization of one's ambitions
3. a) Labyrinths of illusion and mirage
4. b) Dreamlike, blurring reality and fantasy
5. c) To distinguish between illusion and true aspiration

- Chapter Forty-One -
THE WITCH'S HAVEN

Die Zuflucht der Hexe

In einem abgelegenen Wald gab es eine Zuflucht, die nur wenigen bekannt war. Hier braute eine Hexe namens Elara ihre Tränke und Zauber mit unübertroffener Fertigkeit. Ihr Kessel brodelte mit geheimnisvollen Mixturen, und ihr Zauberbuch lag offen, gefüllt mit alten Zaubersprüchen. Elara bereitete sich auf das Treffen des Hexenzirkels vor, bei dem Hexen ihr Wissen und ihre Magie teilten.

Unter ihren vielen Talenten war Elara bekannt für ihre Hellseherei und die Fähigkeit, Geister zu beschwören, die ihr bei ihren magischen Unternehmungen halfen. An diesem Abend konzentrierte sie sich auf ein komplexes Ritual, das einen mächtigen Schutzzauber beschwor. Neben ihr leuchtete ein Talisman, dessen Energie mit dem Zauberwerk harmonierte.

Als der Mond aufging, versammelte sich der Hexenzirkel, jedes Mitglied brachte seine eigenen verzauberten Gegenstände mit. Sie vereinten ihre Kräfte und wirkten eine Beschwörung, die ihre Zuflucht stärken sollte. Durch ihre gemeinsame Alchemie wurde das Heiligtum vor der Außenwelt abgeschirmt, sodass ihre Geheimnisse sicher blieben. Die Zuflucht der Hexen blieb unberührt, ein Zeugnis ihrer Einheit und Meisterschaft über das Mystische.

Vocabulary

Haven	*Zuflucht*
Cauldron	*Kessel*
Spell	*Zauber*
Enchant	*Verzaubern*
Coven	*Hexenzirkel*
Grimoire	*Zauberbuch*
Potion	*Trank*
Hex	*Schutzzauber*
Talisman	*Talisman*
Clairvoyance	*Hellseherei*
Ritual	*Ritual*
Arcane	*Geheimnisvoll*
Familiar (spirit)	*Geist*
Conjuration	*Beschwörung*
Alchemy	*Alchemie*

Questions About the Story

1. *What is Elara's role in the secluded forest?*

    a) Guardian of the forest
    b) A witch crafting potions and spells
    c) A traveler passing through

2. *What is Elara preparing for in the story?*

    a) A battle against invaders
    b) A festive celebration
    c) The coven's gathering

3. *Which of the following skills is Elara renowned for?*

    a) Swordsmanship
    b) Clairvoyance and conjuring familiars
    c) Archery

4. *What does Elara focus on the night of the gathering?*

    a) Writing a new grimoire
    b) Creating a potion of invisibility
    c) Invoking a powerful hex for protection

5. *What item glows beside Elara as she performs her spellwork?*

    a) A crystal ball
    b) A witch's broom
    c) A talisman

Correct Answers:

1. b) A witch crafting potions and spells
2. c) The coven's gathering
3. b) Clairvoyance and conjuring familiars
4. c) Invoking a powerful hex for protection
5. c) A talisman

- Chapter Forty-Two -
THE VOYAGE TO THE UNKNOWN

Die Reise ins Unbekannte

Capitänin Aria und ihre Mannschaft stachen in See auf eine Reise in unerforschte Gebiete. Als erfahrene Navigatorin nutzte Aria ein Astrolabium und einen Kompass, um die Galeere durch die maritime Welt zu steuern. Die Expedition zielte darauf ab, neue Länder zu entdecken und begegnete der Odyssee mit Mut und Entschlossenheit.

Der Horizont versprach Abenteuer, und jeder Sonnenaufgang brachte sie näher an Terra Incognita. Die Seefahrer teilten Geschichten vergangener Reisen, ihr Geist wurde durch das Versprechen der Odyssee gehoben. Aria konsultierte alte Kartographie-Scrolls, um einen Kurs entlang des Meridians zu planen, der sie zur Entdeckung führen sollte.

Während sie durch nautische Reiche segelten, staunte die Mannschaft über die Geheimnisse des Ozeans. Ihre maritime Reise war mehr als eine Expedition; es war eine Odyssee des menschlichen Geistes, die nach Wissen und Verständnis jenseits des Bekannten suchte.

Vocabulary

Voyage	*Reise*
Uncharted	*Unerforscht*
Navigator	*Navigator*
Expedition	*Expedition*
Horizon	*Horizont*
Odyssey	*Odyssee*
Terra incognita	*Terra Incognita*
Astrolabe	*Astrolabium*
Seafarer	*Seefahrer*
Galley	*Galeere*
Meridian	*Meridian*
Cartography	*Kartographie*
Maritime	*Maritim*
Nautical	*Nautisch*
Compass	*Kompass*

Questions About the Story

1. *What is Captain Aria's main goal in the story?*

   a) To find a hidden treasure
   b) To compete in a sailing race
   c) To discover new lands

2. *Which tools does Captain Aria use to navigate?*

   a) A telescope and a map
   b) An astrolabe and compass
   c) GPS and sonar

3. *What does the horizon symbolize in the story?*

   a) The end of the world
   b) The promise of adventure
   c) The boundary between sea and sky

4. *How do the crew members feel about their voyage?*

   a) Terrified and anxious
   b) Indifferent and bored
   c) Excited and hopeful

5. *What does Captain Aria consult to navigate?*

   a) The position of the sun
   b) The flight patterns of birds
   c) Ancient cartography scrolls

Correct Answers:

1. c) To discover new lands
2. b) An astrolabe and compass
3. b) The promise of adventure
4. c) Excited and hopeful
5. c) Ancient cartography scrolls

- Chapter Forty-Three -
THE STARLIGHT EXPEDITION

Die Sternenlicht-Expedition

Ein Team von Astronomen startete eine Expedition ins Weltall, um astronomische Geheimnisse zu enthüllen. Ihre Reise führte sie über das Sonnensystem hinaus, wo sie die Schönheit von Nebeln und himmlischen Körpern bestaunten. Ihr Observatoriumsschiff ermöglichte es ihnen, Sternbilder und das interstellare Medium in nie dagewesener Detailtiefe zu studieren.

Eines Nachts entdeckten sie einen Quasar, ein Leuchtfeuer im galaktischen Nichts, das auf einen Bereich intensiver Aktivität hinwies. Als sie sich näherten, wurden sie Zeugen der spektakulären Explosion einer Supernova, eines Sterns, der sein Lebensende in einer brillanten Lichtshow erreichte. In der Nähe lauerte ein schwarzes Loch, dessen Gravitation alles um sich herum anzog.

Ihre Reise durch das Universum setzte sich fort, geprägt von Sichtungen von Kometen und einer seltenen Sonnenfinsternis, die aus dem Weltraum beobachtet wurde. Die Sternenlicht-Expedition erweiterte das menschliche Verständnis des Kosmos und offenbarte die komplexe Schönheit und dynamischen Prozesse unserer galaktischen Nachbarschaft.

Vocabulary

Expedition	*Expedition*
Cosmos	*Kosmos*
Astronomical	*Astronomisch*
Nebula	*Nebel*
Celestial	*Himmlisch*
Observatory	*Observatorium*
Constellation	*Sternbild*
Interstellar	*Interstellar*
Quasar	*Quasar*
Galactic	*Galaktisch*
Supernova	*Supernova*
Black hole	*Schwarzes Loch*
Universe	*Universum*
Comet	*Komet*
Eclipse	*Finsternis*

Questions About the Story

1. *What was the primary goal of the Starlight Expedition?*

    a) To find a new planet for colonization
    b) To uncover astronomical secrets
    c) To escape the solar system

2. *What celestial phenomenon signaled an area of intense activity to the astronomers?*

    a) A pulsar
    b) A quasar
    c) A galaxy

3. *What did the astronomers witness that marked the end of a star's life cycle?*

    a) A black hole consuming a star
    b) A supernova explosion
    c) The formation of a nebula

4. *What was a significant challenge near the observed supernova?*

    a) An asteroid belt
    b) A black hole
    c) A magnetic storm

5. *What tools did the astronomers use to study the cosmos in unprecedented detail?*

    a) Radio telescopes on Earth
    b) Satellites orbiting Earth
    c) An observatory ship

Correct Answers:

1. b) To uncover astronomical secrets
2. b) A quasar
3. b) A supernova explosion
4. b) A black hole
5. c) An observatory ship

- Chapter Forty-Four -
THE SECRET OF THE SUNKEN SHIP

Das Geheimnis des versunkenen Schiffes

Taucher begaben sich auf ein maritimes Abenteuer, um das Geheimnis eines versunkenen Schiffes zu lüften, von dem man glaubte, dass es einen enormen Schatz barg. Ihre Expedition führte sie in die Tiefe, wo sie eine Taucherglocke benutzten, um den Meeresboden zu erreichen. Inmitten des Korallenriffs fanden sie das Schiffswrack, dessen nautisches Design auf eine Zeit hinwies, als die Ozeanographie noch in den Kinderschuhen steckte.

Mit einem U-Boot erkundeten sie das Wrack und entdeckten Artefakte, die Geschichten vergangener Reisen erzählten. Das Schiff, einst eine majestätische Galeone, war dem Meer zum Opfer gefallen, versprach nun jedoch Reichtum aus der Bergung. Während sie sich durch die Überreste navigierten, fühlten sich die Taucher wie Freibeuter, die nach verborgenen Schätzen unter den Wellen suchten.

Die Entdeckung ging nicht nur um den Schatz; sie war ein Fenster in die maritime Geschichte und die Herausforderungen der Navigation in unerforschten Gewässern. Das Geheimnis des versunkenen Schiffes offenbarte die ewige Anziehungskraft der Tiefsee und die Geheimnisse, die sie birgt.

Vocabulary

Sunken	*Versunken*
Shipwreck	*Schiffswrack*
Treasure	*Schatz*
Maritime	*Maritim*
Salvage	*Bergung*
Abyss	*Abgrund*
Diving bell	*Taucherglocke*
Artifact	*Artefakt*
Nautical	*Nautisch*
Oceanography	*Ozeanographie*
Submersible	*U-Boot*
Coral reef	*Korallenriff*
Navigation	*Navigation*
Buccaneer	*Freibeuter*
Galleon	*Galeone*

Questions About the Story

1. *What was the divers' main goal in their maritime adventure?*

    a) To photograph the coral reef
    b) To study marine life
    c) To uncover the secret of a sunken ship

2. *How did the divers reach the ocean floor to find the shipwreck?*

    a) Using a submarine
    b) Free diving
    c) Using a diving bell

3. *What did the design of the sunken ship indicate about its era?*

    a) It was from the modern era
    b) It was from a time when oceanography was in its infancy
    c) It was a medieval vessel

4. *What did the divers use to explore the shipwreck?*

    a) A remotely operated vehicle (ROV)
    b) A submersible
    c) A glass-bottom boat

5. *What did the discovery of the shipwreck promise aside from historical insight?*

    a) New species of fish
    b) Wealth in salvage
    c) A new underwater habitat

Correct Answers:

1. c) To uncover the secret of a sunken ship
2. c) Using a diving bell
3. b) It was from a time when oceanography was in its infancy
4. b) A submersible
5. b) Wealth in salvage

- Chapter Forty-Five -
THE CURSE OF THE BLACK PEARL

Der Fluch der Schwarzen Perle

In der Ära der großen Seefahrtsabenteuer entstand eine Geschichte über die Schwarze Perle, eine Perle, die mit der Macht verflucht war, ihren Besitzer zu einem Leben voller Unglück und Verzweiflung zu verdammen. Der Fluch wurde zur Obsession vieler Freibeuter, die sie in einen Strudel aus Gier und Verrat zog.

Kapitän Lucas, ein erfahrener Draufgänger, entdeckte eine Schatzkarte, die auf den Standort der Perle wies, versteckt tief im Wrack der spanischen Galeone El Dorado. Mit seiner Mannschaft von Korsaren an Bord der Brigantine Sea Phantom stach Lucas in See, entschlossen, den Fluch zu brechen und die legendäre Schönheit der Perle zu beanspruchen.

Die Reise war voller Gefahren. Meuterei brodelte, als Geschichten über den Fluch der Perle die Crew mit Angst erfüllten. Auf einer Insel ausgesetzt, weil sie Lucas herausgefordert hatten, fanden sich die Meuterer den Elementen ausgeliefert, mit nur dem Jolly Roger als Begleiter.

Schließlich, inmitten von Kanonenfeuer und kühnem Raub, ergriff Lucas die Schwarze Perle. Doch anstatt Macht fand er Erleuchtung. Der Fluch, so erkannte er, lag nicht in der Perle, sondern im Herzen derer, die sie aus Gier suchten.

Lucas warf die Perle zurück ins Meer und brach den Zyklus der Habgier. Von diesem Tag an segelte er unter der Flagge der Parley, setzte sich für Einigkeit unter den Schurken der Meere ein. Der Fluch der Schwarzen Perle wurde zur Legende, eine Erinnerung an die schmale Grenze zwischen Glück und Torheit.

Vocabulary

Curse	*Fluch*
Pearl	*Perle*
Buccaneer	*Freibeuter*
Plunder	*Raub*
Galleon	*Galeone*
Mutiny	*Meuterei*
Swashbuckler	*Draufgänger*
Marooned	*Ausgesetzt*
Cannon	*Kanone*
Parley	*Parley*
Corsair	*Korsar*
Treasure map	*Schatzkarte*
Jolly Roger	*Jolly Roger*
Brigantine	*Brigantine*
Booty	*Beute*

Questions About the Story

1. *What cursed object is central to the story?*

   a) A golden compass
   b) A cursed black pearl
   c) An enchanted sword

2. *Who is the captain leading the expedition to find the Black Pearl?*

   a) Captain Morgan
   b) Captain Blackbeard
   c) Captain Lucas

3. *What ship does Captain Lucas command?*

   a) The Black Pearl
   b) The Jolly Roger
   c) The Sea Phantom

4. *Where is the Black Pearl said to be located?*

   a) In a hidden cave on Tortuga
   b) Deep within the wreckage of the Spanish galleon, El Dorado
   c) Buried on a deserted island

5. *What challenge does Captain Lucas face from his crew?*

   a) A deadly plague
   b) A navigation error
   c) Mutiny

Correct Answers:

1. b) A cursed black pearl
2. c) Captain Lucas
3. c) The Sea Phantom
4. b) Deep within the wreckage of the Spanish galleon, El Dorado
5. c) Mutiny

- Chapter Forty-Six -
THE SORCERER'S APPRENTICE

Der Lehrling des Zauberers

In einer verborgenen Kammer studierte ein Lehrling unter einem mächtigen Zauberer. Die Kammer war erfüllt vom Duft exotischer Kräuter und dem Leuchten verzauberter Zauberbücher. Der Zauberer, der einen Zauberstab aus uraltem Holz schwang, demonstrierte die Kunst des Beschwörens und verwandelte das Wesen des Manas in spektakuläre Darbietungen arkaner Macht.

Der Lehrling, begierig darauf, die Zauberkunst zu meistern, übte Beschwörungen und Alchemie, angeleitet von einem Zauberbuch, das der Zauberer zurückgelassen hatte. Eines Tages, bei dem Versuch einer komplexen Transmutation, öffnete der Lehrling versehentlich ein Portal zu einem Reich unermesslicher Energie. In Panik suchte der Lehrling die Hilfe seines Vertrauten, eines Geisterwächters, der mit dem Zauberer verbunden war, um das Portal zu schließen und das Gleichgewicht wiederherzustellen.

Durch diese Prüfung lernte der Lehrling die Bedeutung von Kontrolle und Weisheit im Umgang mit Magie, ein bedeutender Schritt auf dem Weg, selbst ein Zauberer zu werden.

Vocabulary

Sorcerer	*Zauberer*
Apprentice	*Lehrling*
Enchantment	*Verzauberung*
Grimoire	*Zauberbuch*
Mana	*Mana*
Incantation	*Beschwörung*
Arcane	*Arkan*
Familiar	*Vertrauter*
Alchemy	*Alchemie*
Wand	*Zauberstab*
Spellbook	*Zauberbuch*
Elixir	*Elixier*
Transmutation	*Transmutation*
Conjuring	*Beschwören*
Portal	*Portal*

Questions About the Story

1. *Where did the apprentice study magic?*

    a) In a grand castle
    b) In a hidden chamber
    c) In a public school of magic

2. *What did the sorcerer use to demonstrate magical conjuring?*

    a) A crystal ball
    b) A wand of ancient wood
    c) A silver chalice

3. *What was the apprentice eager to master?*

    a) Swordsmanship
    b) The art of stealth
    c) Enchantment

4. *What mistake did the apprentice make?*

    a) Broke the wand
    b) Lost the spellbook
    c) Opened a portal to another realm

5. *Who did the apprentice seek help from to close the portal?*

    a) The sorcerer
    b) A passing knight
    c) The familiar, a spirit guardian

Correct Answers:

1. b) In a hidden chamber
2. b) A wand of ancient wood
3. c) Enchantment
4. c) Opened a portal to another realm
5. c) The familiar, a spirit guardian

- Chapter Forty-Seven -
THE MAZE OF SHADOWS

Das Labyrinth der Schatten

Ein wagemutiger Abenteurer betrat das Labyrinth der Schatten, ein Irrgarten voller Illusionen und kryptischer Rätsel. Jede Wendung offenbarte einen gewundenen Gang, umhüllt von ätherischen Nebeln und widerhallend mit den Flüstern der Vergangenheit. Das Ziel war, das Zentrum zu finden, wo ein legendärer Minotaurus eine Phantasmagorie großer Macht bewachte.

Geleitet von Hellseherei navigierte der Abenteurer durch das Labyrinth, entschlüsselte kryptische Symbole und umging Fallen, die auf die Sinne spielten. Schatten verwandelten sich in erschreckende Gestalten, und Luftspiegelungen falscher Ausgänge neckten den müden Wanderer. Doch die Entschlossenheit des Abenteurers erleuchtete den Weg durch das Obskure und Unbekannte.

Endlich, im Herzen des Labyrinths, konfrontierte der Abenteurer den Minotaurus. Er erkannte, dass das Biest nur eine Illusion war, die den wahren Schatz bewachte, einen Zugang zu Weisheit und Erleuchtung. Der Abenteurer ging als Sieger hervor, erleuchtet von der Reise durch das Labyrinth der Schatten.

Vocabulary

Maze	*Labyrinth*
Shadows	*Schatten*
Labyrinth	*Irrgarten*
Illusion	*Illusion*
Minotaur	*Minotaurus*
Echo	*Echo*
Twisting	*Gewunden*
Enigma	*Rätsel*
Phantasm	*Phantasmagorie*
Cryptic	*Kryptisch*
Passage	*Gang*
Clairvoyance	*Hellseherei*
Obscure	*Obskur*
Ethereal	*Ätherisch*
Mirage	*Luftspiegelung*

Questions About the Story

1. *What is the main goal of the adventurer in the Maze of Shadows?*

   a) To escape the maze
   b) To find a legendary Minotaur
   c) To locate the center of the maze

2. *What guarded the phantasm of great power in the maze?*

   a) A dragon
   b) A sorcerer
   c) A legendary Minotaur

3. *How did the adventurer navigate through the maze?*

   a) By following a map
   b) Guided by clairvoyance
   c) Following the north star

4. *What did the adventurer use to decipher the path through the maze?*

   a) Magic spells
   b) A key
   c) Cryptic symbols

5. *What was the true nature of the Minotaur according to the story?*

   a) A guardian of treasure
   b) A cursed prince
   c) An illusion

Correct Answers:

1. c) To locate the center of the maze
2. c) A legendary Minotaur
3. b) Guided by clairvoyance
4. c) Cryptic symbols
5. c) An illusion

- Chapter Forty-Eight -
THE ETERNAL CITY

Die Ewige Stadt

Einst eine blühende Metropole, lag die Ewige Stadt nun in Ruinen und flüsterte Geschichten einer verlorenen Zivilisation. Archäologen durchstreiften ihre Straßen, bestaunten die Aquädukte und das Kolosseum, wo einst Spektakel die Zuschauer fesselten. Das Pantheon, mit seinen antiken Gottheiten, stand als Zeugnis für die spirituelle Tiefe der Stadt.

Während sie erkundeten, entdeckten die Archäologen Fresken, die die Geschichte des Imperiums von seiner Gründungsdynastie bis zu seinem Zenit darstellten. Das Forum, einst ein pulsierendes Zentrum der Debatte und Entscheidung, hallte nun mit der Stille der Zeit. Jedes freigelegte Relikt war ein Puzzleteil, das die Pracht und den Niedergang der Ewigen Stadt offenbarte.

Diese Zitadelle des Wissens und der Macht, mit ihrer monumentalen Architektur, bot einen Einblick in die Vergangenheit und erinnerte die moderne Welt an die Vergänglichkeit von Imperien und das dauerhafte Erbe der Zivilisation.

Vocabulary

Eternal	*Ewig*
Metropolis	*Metropole*
Ruins	*Ruinen*
Civilization	*Zivilisation*
Aqueduct	*Aquädukt*
Coliseum	*Kolosseum*
Pantheon	*Pantheon*
Citadel	*Zitadelle*
Archeology	*Archäologie*
Fresco	*Fresko*
Empire	*Imperium*
Forum	*Forum*
Dynasty	*Dynastie*
Vestige	*Relikt*
Monument	*Monument*

Questions About the Story

1. *What primarily characterizes the Eternal City?*

    a) Its bustling marketplaces
    b) Its state of ruins
    c) Its modern skyscrapers

2. *What ancient structure in the Eternal City captivated audiences with spectacles?*

    a) The Pantheon
    b) The Library
    c) The Coliseum

3. *Which structure stood as a testament to the city's spiritual depth?*

    a) The Forum
    b) The Coliseum
    c) The Pantheon

4. *What did the archeologists uncover that depicted the empire's history?*

    a) Statues
    b) Jewelry
    c) Frescoes

5. *What was the forum used for in the Eternal City?*

    a) Gladiatorial combats
    b) Public bathing
    c) Debate and decision-making

Correct Answers:

1. b) Its state of ruins
2. c) The Coliseum
3. c) The Pantheon
4. c) Frescoes
5. c) Debate and decision-making

- Chapter Forty-Nine -
THE LIBRARY OF LOST BOOKS

Die Bibliothek der verlorenen Bücher

Tief im Herzen einer vergessenen Stadt liegt die Bibliothek der verlorenen Bücher, ein Archiv, das Manuskripte und Bände antiken Wissens beherbergt. Der Kodex der Bibliothek, erleuchtet vom sanften Licht der Morgendämmerung, offenbarte Texte auf Pergament, die Jahrhunderte überdauert hatten. Ein engagierter Kurator katalogisierte jedes Stück, behandelte die Palimpseste und Folianten mit Sorgfalt und sicherte ihre Erhaltung für zukünftige Generationen.

Bibliophile aus fernen Ländern suchten dieses Archiv auf, träumten von seltenen Funden. Sie annotierten die Ränder ihrer Entdeckungen und trugen so zum gesammelten Wissen bei, das innerhalb dieser Mauern bewahrt wurde. Zwischen den Regalen sprach die Stille von der Ehrfurcht vor dem geschriebenen Wort, ein Zeugnis für das Streben nach Verständnis.

Vocabulary

Archive	Archiv
Manuscript	Manuskript
Tome	Band
Codex	Kodex
Illuminated	Illuminiert
Parchment	Pergament
Catalogue	Katalogisieren
Curator	Kurator
Palimpsest	Palimpsest
Bibliophile	Bibliophiler
Repository	Depot
Rare	Selten
Conservation	Erhaltung
Annotate	Annotieren
Folio	Foliant

Questions About the Story

1. *Where is the Library of Lost Books located?*

    a) In a bustling metropolis
    b) On a remote island
    c) In the heart of a forgotten city

2. *What does the library primarily house?*

    a) Modern digital media
    b) Manuscripts and tomes of ancient wisdom
    c) Contemporary novels

3. *What role does the curator play in the library?*

    a) Guards the entrance
    b) Catalogues each item with care
    c) Sells rare books to the highest bidder

4. *Who seeks out the Library of Lost Books?*

    a) Tourists looking for attractions
    b) Children on school trips
    c) Bibliophiles from distant lands

5. *What do visitors do with their discoveries in the library?*

    a) Take them home as souvenirs
    b) Annotate the margins
    c) Sell them to collectors

Correct Answers:

1. c) In the heart of a forgotten city
2. b) Manuscripts and tomes of ancient wisdom
3. b) Catalogues each item with care
4. c) Bibliophiles from distant lands
5. b) Annotate the margins

- Chapter Fifty -
THE SPELLBOUND FOREST

Der verzauberte Wald

In einem weit entfernten Land gab es einen verzauberten Hain, bekannt als der verzauberte Wald. Mythische Kreaturen streiften frei herum, und Feen tanzten in mystischen Lichtungen unter dem Mondlicht. Ein mächtiger Druide, Beschützer des Waldes, nutzte Beschwörungen und Zauberei, um die Ruhe dieses magischen Ortes zu bewahren.

Im Herzen des Waldes stand ein Totem, ein Symbol für die Verzauberung des Waldes. Es hieß, dass ein Amulett, versteckt in der Lichtung, den Schlüssel zum Verständnis der alten Überlieferungen des Landes hielt. Wächter, in Form majestätischer Kreaturen, schützten dieses Geheimnis und stellten sicher, dass nur die Würdigen die Wahrheiten entdecken konnten.

Vocabulary

Enchanted	Verzaubert
Grove	Hain
Mythical	Mythisch
Faerie	Fee
Incantation	Beschwörung
Mystical	Mystisch
Glade	Lichtung
Sorcery	Zauberei
Druid	Druide
Totem	Totem
Bewitch	Verhexen
Amulet	Amulett
Tranquil	Ruhig
Lore	Überlieferung
Sentinel	Wächter

Questions About the Story

1. *What is the Spellbound Forest known for?*

    a) Its dangerous creatures
    b) Its magical tranquility
    c) Its vast deserts

2. *Who is the protector of the Spellbound Forest?*

    a) A king
    b) A knight
    c) A powerful druid

3. *What do faeries do in the Spellbound Forest?*

    a) Steal from visitors
    b) Guard the entrance
    c) Dance in mystical glades under the moonlight

4. *What symbolizes the forest's enchantment?*

    a) A crown
    b) A sword
    c) A totem

5. *What is said to hold the key to understanding the ancient lore of the land?*

    a) A book
    b) An amulet
    c) A scroll

Correct Answers:

1. b) Its magical tranquility
2. c) A powerful druid
3. c) Dance in mystical glades under the moonlight
4. c) A totem
5. b) An amulet

- Chapter Fifty-One -
THE NIGHT OF THE ECLIPSE

Die Nacht der Sonnenfinsternis

Die Nacht der Sonnenfinsternis war ein himmlisches Ereignis, das Beobachter ins Observatorium zog, die Augen an Teleskope geklebt. Das astronomische Phänomen entfaltete sich, als die Umbra und die Penumbra der Erde sich ausrichteten und einen Schatten über den Mond warfen. Diese Ausrichtung, ein seltenes Ereignis, wurde mit Spannung beobachtet, da die Umlaufbahnen himmlischer Körper in perfekter Harmonie konvergierten.

Die Leuchtkraft des Mondes verringerte sich und enthüllte die Korona der Sonne, ein Anblick, der die Zuschauer in Erstaunen versetzte. Sowohl Sonnen- als auch Mondfinsternisse boten eine einzigartige Gelegenheit, die Schönheit und Präzision des Universums zu bezeugen. Konstellationen funkelten im dunklen Himmel und rahmten die Finsternis, eine Erinnerung an die Weite und das Mysterium des Kosmos.

Vocabulary

Eclipse	Sonnenfinsternis
Celestial	Himmlisch
Phenomenon	Phänomen
Observatory	Observatorium
Astronomical	Astronomisch
Umbra	Umbra
Penumbra	Penumbra
Alignment	Ausrichtung
Orbit	Umlaufbahn
Telescope	Teleskop
Luminosity	Leuchtkraft
Corona	Korona
Solar	Solar
Lunar	Lunar
Constellation	Konstellation

Questions About the Story

1. *What type of event is the Night of the Eclipse?*

   a) A meteor shower
   b) A celestial event
   c) A planetary alignment

2. *What phenomena align during the eclipse?*

   a) The sun and the moon
   b) Mars and Earth
   c) The umbra and penumbra of the Earth

3. *What happens to the moon's luminosity during the eclipse?*

   a) It brightens significantly
   b) It remains unchanged
   c) It dims, revealing the sun's corona

4. *What do both solar and lunar eclipses provide?*

   a) A chance to see the northern lights
   b) An opportunity to witness the beauty and precision of the universe
   c) A time for making wishes

5. *Where did observers gather to view the eclipse?*

   a) On mountaintops
   b) At the beach
   c) In the observatory

Correct Answers:

1. b) A celestial event
2. c) The umbra and penumbra of the Earth
3. c) It dims, revealing the sun's corona
4. b) An opportunity to witness the beauty and precision of the universe
5. c) In the observatory

- Chapter Fifty-Two -
THE FESTIVAL OF LIGHTS

Das Fest der Lichter

In einer lebhaften Stadt wurde das Fest der Lichter, Diwali, mit großer Begeisterung gefeiert. Überall hingen Laternen, die ein warmes Licht verbreiteten und die Nacht erhellten. Familien versammelten sich, um Kerzen anzuzünden und Feuerwerke zu zünden, die den Himmel in einem Meer von Farben erstrahlen ließen. Diese Tradition, verwurzelt im kulturellen Erbe, symbolisierte den Sieg des Lichts über die Dunkelheit.

Die Feier war ein Zeugnis der Harmonie und Einheit innerhalb der Gemeinschaft. Rituale wurden durchgeführt, Gebete gesprochen und Häuser geschmückt, um Wohlstand willkommen zu heißen. Das Fest brachte Menschen aus allen Lebensbereichen zusammen, stärkte ihre Bindungen und ihr gemeinsames Erbe.

Mit fortschreitender Nacht füllte sich die Luft mit Freude und Lachen, was den Geist von Diwali widerspiegelte. Das Fest der Lichter war nicht nur eine Feier, sondern auch eine Reflexion des Engagements der Gemeinschaft, ihre Traditionen zu bewahren und ihre kulturelle Identität zu feiern.

Vocabulary

Diwali	*Diwali*
Lantern	*Laterne*
Illumination	*Beleuchtung*
Firework	*Feuerwerk*
Tradition	*Tradition*
Candle	*Kerze*
Celebration	*Feier*
Cultural	*Kulturell*
Harmony	*Harmonie*
Ritual	*Ritual*
Unity	*Einheit*
Prosperity	*Wohlstand*
Heritage	*Erbe*
Festivity	*Festlichkeit*
Decorate	*Dekorieren*

Questions About the Story

1. *What does the Festival of Lights, Diwali, symbolize?*

   a) The beginning of winter
   b) The victory of light over darkness
   c) The harvest season

2. *What activity is common during the Festival of Lights?*

   a) Planting trees
   b) Lighting candles and setting off fireworks
   c) Snowball fights

3. *How does the community contribute to the festival's atmosphere?*

   a) By remaining indoors
   b) Through silence and meditation
   c) By gathering in harmony and unity

4. *What decorations are commonly seen during Diwali?*

   a) Snow sculptures
   b) Lanterns
   c) Balloons

5. *What is a result of the Festival of Lights on the community?*

   a) Increased isolation
   b) Reinforcement of bonds and shared heritage
   c) Disruption of daily routines

Correct Answers:

1. b) The victory of light over darkness
2. b) Lighting candles and setting off fireworks
3. c) By gathering in harmony and unity
4. b) Lanterns
5. b) Reinforcement of bonds and shared heritage

- Chapter Fifty-Three -
THE PASSAGE OF TIME

Der Lauf der Zeit

Die Zeit webt ihr Tapestry mit Momenten, die Epochen und Ären definieren. Der Lauf der Zeit, eine zeitliche Reise, umfasst Jahrtausende und Jahrhunderte, jedes mit seiner eigenen Chronologie. Antiquitäten flüstern Geschichten aus vergangenen Jahrzehnten, während das Konzept der Äonen unser Verständnis von Existenz erweitert.

In diesem Kontinuum markieren bedeutsame Ereignisse die Grenzen der Geschichte. Die Vergänglichkeit des Lebens kontrastiert mit dem ewigen Zyklus der Zeit und bietet Intervalle der Reflexion. Anachronismen dienen als Erinnerungen an die Komplexität des Zeitflusses und fordern unsere Wahrnehmung heraus.

Während wir durch die Epochen navigieren, bleibt der Lauf der Zeit ein Zeugnis für das andauernde Erbe der Menschheit und ihre Suche nach Bedeutung innerhalb der weiten Spanne der Geschichte.

Vocabulary

Temporal	*Zeitlich*
Era	*Ära*
Chronology	*Chronologie*
Millennium	*Jahrtausend*
Epoch	*Epoche*
Antique	*Antiquität*
Decade	*Jahrzehnt*
Century	*Jahrhundert*
Eon	*Äon*
Anachronism	*Anachronismus*
Continuum	*Kontinuum*
Momentous	*Bedeutsam*
Transient	*Vergänglich*
Perpetual	*Ewig*
Interval	*Intervall*

Questions About the Story

1. *What does the passage of time encompass?*

   a) Only the future
   b) Millennia and centuries
   c) A single decade

2. *What do antiques represent in the story?*

   a) Modern technology
   b) The future possibilities
   c) Tales from decades past

3. *What are eons used to illustrate?*

   a) The short span of human life
   b) The predictability of life
   c) Our extended understanding of existence

4. *What marks the boundaries of history in the narrative?*

   a) Momentous events
   b) Daily routines
   c) Unimportant details

5. *What does the transient nature of life contrast with?*

   a) The stability of the present
   b) The perpetual cycle of time
   c) The unchanging landscape

Correct Answers:

1. b) Millennia and centuries
2. c) Tales from decades past
3. c) Our extended understanding of existence
4. a) Momentous events
5. b) The perpetual cycle of time

- Chapter Fifty-Four -
THE WEB OF LIES

Das Netz der Lügen

In den Schatten der Gesellschaft wurde ein Netz aus Lügen gesponnen, das diejenigen verstrickte, die in seine Täuschungen gerieten. Ein Meister der Täuschung fabrizierte Geschichten und trug Verkleidungen, um seine wahren Absichten zu verbergen. Intrigen entfalteten sich, begründet in betrügerischen Motiven, was schließlich zur unvermeidlichen Entwirrung der Wahrheiten führte.

Ein Geständnis brach das Schweigen und enthüllte die Manipulation hinter dem Schein. Die Leichtgläubigen fanden sich betrogen, ihr Vertrauen ausgenutzt. Doch der Mut eines Whistleblowers legte die Verleumdungen offen und ebnete den Weg für Gerechtigkeit.

Am Ende wurde das Netz der Lügen demontiert, seine Architekten entlarvt und die Integrität wiederhergestellt. Die Tortur erinnerte jeden an den Wert der Ehrlichkeit und die Gefahr der Täuschung.

Vocabulary

Deception	*Täuschung*
Fabricate	*Fabrizieren*
Disguise	*Verkleidung*
Scheme	*Intrige*
Fraudulent	*Betrügerisch*
Confession	*Geständnis*
Manipulate	*Manipulieren*
Credulous	*Leichtgläubig*
Unravel	*Entwirren*
Pretense	*Schein*
Betrayal	*Verrat*
Alibi	*Alibi*
Slander	*Verleumdung*
Expose	*Enthüllen*
Whistleblower	*Whistleblower*

Questions About the Story

1. *What was spun in the shadows of society?*

    a) A web of truth
    b) A web of lies
    c) A net of justice

2. *What did the master of deception use to hide true intentions?*

    a) Mirrors
    b) Masks
    c) Disguises

3. *What led to the unraveling of truths?*

    a) A mistake
    b) Schemes rooted in fraudulent motives
    c) An accidental discovery

4. *What action revealed the manipulation behind the pretense?*

    a) A public announcement
    b) A confession
    c) An arrest

5. *Who exposed the slander and cleared the path for justice?*

    a) A detective
    b) A judge
    c) A whistleblower

Correct Answers:

1. b) A web of lies
2. c) Disguises
3. b) Schemes rooted in fraudulent motives
4. b) A confession
5. c) A whistleblower

- Chapter Fifty-Five -
THE MOUNTAIN'S CALL

Der Ruf des Berges

Eine Gruppe von Abenteurern folgte dem Ruf des Berges und richtete ihre Augen auf den Gipfel. Ihre Reise begann im Basislager, wo sich das alpine Gelände vor ihnen erstreckte, eine Mischung aus zerklüfteten Felsen und gefährlichen Pfaden. Der Aufstieg war eine Prüfung ihres Willens, da sie durch isolierte Gebiete wanderten und um Seracs herum navigierten.

Während sie kletterten, stieg die Höhe, und die Luft wurde dünner. Eine Lawine war immer ein Risiko, aber das Team drängte vorwärts, entschlossen, den Kamm zu erreichen. Die Expedition sah sich vielen Herausforderungen gegenüber, einschließlich der Überquerung eines weiten Plateaus und des Erklimmens des Gipfels des Berges.

Der Gipfel zu erreichen, war ein Moment des Triumphs. Die Abenteurer standen oben und blickten auf die Welt unter ihnen herab, ein Zeugnis für ihren Mut und ihre Ausdauer. Der Berg hatte gerufen, und sie hatten geantwortet.

Vocabulary

Summit	*Gipfel*
Alpine	*Alpin*
Terrain	*Gelände*
Ascent	*Aufstieg*
Base camp	*Basislager*
Crag	*Fels*
Trek	*Marsch*
Avalanche	*Lawine*
Elevation	*Höhe*
Crest	*Kamm*
Expedition	*Expedition*
Serac	*Serac*
Isolated	*Isoliert*
Plateau	*Plateau*
Pinnacle	*Gipfel*

Questions About the Story

1. *What was the ultimate goal of the adventurers?*

    a) To find a hidden treasure
    b) To reach the summit
    c) To set up a base camp

2. *What characterized the terrain at the beginning of their journey?*

    a) Sandy beaches
    b) Dense forests
    c) Craggy rocks and treacherous paths

3. *What natural hazard was always a risk during the ascent?*

    a) Wild animal attacks
    b) Thunderstorms
    c) An avalanche

4. *What did the adventurers navigate around during their climb?*

    a) Rivers
    b) Seracs
    c) Villages

5. *How did the team feel upon reaching the summit?*

    a) Disappointed
    b) Frightened
    c) Triumphant

Correct Answers:

1. b) To reach the summit
2. c) Craggy rocks and treacherous paths
3. c) An avalanche
4. b) Seracs
5. c) Triumphant

- Chapter Fifty-Six -
THE DRAGON'S LAIR

Die Höhle des Drachens

In einem Reich von Mythen und Legenden brach ein tapferer Ritter auf, um die Höhle des Drachens zu finden. Versteckt tief in einer Festung, geschützt von Zinnen und umhüllt von Mysterien, lag der Drache. Seine Schuppen schimmerten wie Juwelen, und Flammen tanzten aus seinem Maul.

Der Ritter, bewaffnet mit Mut und einem verzauberten Kelch, suchte die Herrschaft des Drachens zu beenden. Die Höhle war voller Schätze, doch die Mission des Ritters war klar. Das Rätsel um die Macht des Drachens faszinierte viele, doch nur wenige wagten es, ihm gegenüberzutreten.

Als er dem Drachen gegenüberstand, setzte der Ritter Weisheit über Kraft ein. Der Zauberer, der einst die Höhle mit Zaubersprüchen und Verzauberungen geschützt hatte, enthüllte das Geheimnis, das Biest zu zähmen. Am Ende siegten Mut und Verständnis und sicherten den Frieden für das Königreich.

Vocabulary

Dragon	*Drache*
Lair	*Höhle*
Mythical	*Mythisch*
Hoard	*Hort*
Flame	*Flamme*
Scales	*Schuppen*
Knight	*Ritter*
Quest	*Quest*
Fortress	*Festung*
Bewitched	*Verzaubert*
Chalice	*Kelch*
Enigma	*Rätsel*
Valor	*Mut*
Sorcerer	*Zauberer*
Battlement	*Zinne*

Questions About the Story

1. *What was the knight's primary goal?*

    a) To steal the dragon's treasures
    b) To tame the dragon
    c) To end the dragon's reign

2. *Where was the dragon's lair located?*

    a) On a remote island
    b) Deep within a fortress
    c) Atop a mountain

3. *What did the knight use to confront the dragon?*

    a) A magical sword
    b) A shield of invisibility
    c) A bewitched chalice

4. *How did the knight plan to overcome the dragon?*

    a) By using strength
    b) With the help of an army
    c) Using wisdom over strength

5. *Who revealed the secret to taming the dragon?*

    a) A fairy
    b) The dragon itself
    c) A sorcerer

Correct Answers:

1. c) To end the dragon's reign
2. b) Deep within a fortress
3. c) A bewitched chalice
4. c) Using wisdom over strength
5. c) A sorcerer

- Chapter Fifty-Seven -
THE QUEST FOR THE GOLDEN KEY

Die Suche nach dem goldenen Schlüssel

Ein kühner Abenteurer machte sich auf die Suche nach dem Goldenen Schlüssel, einem von Mysterien umhüllten Artefakt, das von einem Labyrinth bewacht wurde. Der Schlüssel, der einen Schatz jenseits der Vorstellungskraft freischalten sollte, war in einer Krypta verborgen, deren Lage in Vergessenheit geraten war.

Bewaffnet mit einer Karte und angetrieben vom Nervenkitzel der Expedition entschlüsselte der Abenteurer Chiffren und löste Rätsel. Jedes Rätsel brachte ihn näher an das Relikt, während Wächter jeden seiner Schritte beobachteten.

Das Labyrinth war eine Prüfung von Witz und Willen, mit sich windenden und trügerischen Wegen. Im Herzen wartete die Krypta, die den Goldenen Schlüssel barg. Der Abenteurer nutzte sein Wissen und seine Fähigkeiten, um die Tür zum Schatz zu öffnen und lange vergessene Geheimnisse zu enthüllen.

Die Quest war mehr als eine Suche nach Reichtum; sie war eine Reise der Entdeckung, die den Abenteurer herausforderte, über die Oberfläche hinauszuschauen und die in den Schatten verborgene Wahrheit zu entdecken.

Vocabulary

Quest	*Quest*
Golden	*Golden*
Key	*Schlüssel*
Riddle	*Rätsel*
Artifact	*Artefakt*
Labyrinth	*Labyrinth*
Guardian	*Wächter*
Enigma	*Rätsel*
Cipher	*Chiffre*
Relic	*Relikt*
Map	*Karte*
Treasure	*Schatz*
Expedition	*Expedition*
Crypt	*Krypta*
Unlock	*Aufschließen*

Questions About the Story

1. *What was the objective of the adventurer's quest?*

   a) To slay a dragon
   b) To find a lost city
   c) To retrieve the Golden Key

2. *What did the Golden Key unlock?*

   a) A door to another dimension
   b) A treasure beyond imagination
   c) A secret passage

3. *How did the adventurer navigate the quest?*

   a) By following a river
   b) With a compass
   c) Using a map and solving riddles

4. *What did the labyrinth test?*

   a) Physical strength
   b) Loyalty
   c) Wit and will

5. *Where was the Golden Key hidden?*

   a) In a mountain cave
   b) Within a crypt
   c) Under the sea

Correct Answers:

1. c) To retrieve the Golden Key
2. b) A treasure beyond imagination
3. c) Using a map and solving riddles
4. c) Wit and will
5. b) Within a crypt

- Chapter Fifty-Eight -
THE VOYAGE TO THE UNKNOWN

Die Reise ins Unbekannte

Eine Crew von wagemutigen Seefahrern brach zu einer Odyssee jenseits der bekannten Grenzen auf, um in unerforschte Gewässer zu segeln. Ihre Expedition, geleitet von einem erfahrenen Navigator, zielte darauf ab, das terra incognita jenseits des Horizonts zu kartografieren. Ausgestattet mit einem Astrolabium und einem Kompass navigierten sie durch die maritime Weite und dokumentierten ihre Entdeckungen in einem Logbuch.

Je weiter sie vorstießen, desto mehr wurden sie von den Himmelskörpern und den Stürmen der offenen See auf die Probe gestellt. Die Kartographie, die Kunst des Kartenzeichnens, wurde ihr Werkzeug, um das weite Unbekannte zu verstehen. Die Reise war geprägt von Entdeckungen und Herausforderungen und verkörperte den Geist der Erforschung, der die Suche der Menschheit nach Wissen definiert.

Diese Reise ins Unbekannte war nicht nur eine Fahrt über das Meer, sondern eine Erforschung der Grenzen menschlichen Mutes und der Neugier. Als die Seefahrer zurückkehrten, brachten sie Geschichten über die Mysterien mit, die jenseits der bekannten Welt liegen.

Vocabulary

Odyssey	*Odyssee*
Frontier	*Grenze*
Uncharted	*Unbekannt*
Expedition	*Expedition*
Navigator	*Navigator*
Horizon	*Horizont*
Astrolabe	*Astrolabium*
Terra incognita	*Terra incognita*
Cartography	*Kartographie*
Maritime	*Maritim*
Compass	*Kompass*
Seafarer	*Seefahrer*
Logbook	*Logbuch*
Celestial	*Himmlisch*
Gale	*Sturm*

Questions About the Story

1. *What was the primary goal of the crew's expedition?*

   a) To find a new trade route
   b) To escape from pirates
   c) To map uncharted waters

2. *What tools did the navigators use to guide their expedition?*

   a) A telescope and a sextant
   b) A map and a pencil
   c) An astrolabe and a compass

3. *What challenged the crew during their voyage?*

   a) Mutiny among the crew
   b) Celestial bodies and gales
   c) Sea monsters

4. *What did the crew document their findings in?*

   a) A captain's log
   b) A logbook
   c) A diary

5. *What symbolizes humanity's quest for knowledge in the story?*

   a) The return to home
   b) The discovery of treasure
   c) The art of cartography

Correct Answers:

1. c) To map uncharted waters
2. c) An astrolabe and a compass
3. b) Celestial bodies and gales
4. b) A logbook
5. c) The art of cartography

- Chapter Fifty-Nine -
THE STARLIGHT EXPEDITION

Die Starlight-Expedition

Ein Team von Astronauten brach zur Starlight-Expedition auf und drang tief in den Kosmos vor. Ihr Raumschiff, ausgestattet mit fortschrittlichen Observatoriumsinstrumenten, zielte darauf ab, Nebel und Galaxien zu erkunden und Quasare sowie schwarze Löcher zu studieren. Jede kartografierte Konstellation erweiterte das interstellare Wissen, während die Sichtung einer Supernova einen seltenen Einblick in den Tod von Sternen bot.

Die Reise, die Lichtjahre umspannte, konfrontierte sie mit Phänomenen, die ihr Verständnis vom Universum herausforderten. Die Möglichkeit außerirdischen Lebens und die Erfahrung der Schwerelosigkeit fügten ihrer Mission Schichten des Staunens hinzu.

Diese Expedition war nicht nur ein wissenschaftliches Unterfangen, sondern eine Reise ins Unbekannte, die die Präsenz der Menschheit über die Erde hinaus und in die Weiten des Raums erweiterte. Die Rückkehr brachte nicht nur Daten, sondern auch eine neue Perspektive auf unseren Platz in der Galaxie.

Vocabulary

Cosmos	*Kosmos*
Nebula	*Nebel*
Observatory	*Observatorium*
Quasar	*Quasar*
Interstellar	*Interstellar*
Constellation	*Konstellation*
Black hole	*Schwarzes Loch*
Supernova	*Supernova*
Galaxy	*Galaxie*
Astronaut	*Astronaut*
Spacecraft	*Raumschiff*
Light-year	*Lichtjahr*
Alien	*Außerirdischer*
Zero gravity	*Schwerelosigkeit*
Satellite	*Satellit*

Questions About the Story

1. *What was the primary goal of the Starlight Expedition?*

    a) To colonize new planets
    b) To explore nebulae and galaxies
    c) To establish communication with alien life

2. *What instruments were used to study celestial phenomena?*

    a) Radio telescopes from Earth
    b) Underwater sonar equipment
    c) Advanced observatory instruments

3. *What did the sighting of a supernova provide?*

    a) Evidence of alien civilizations
    b) A rare glimpse into the death of stars
    c) A way to travel faster than light

4. *What added layers of wonder to the mission?*

    a) The discovery of a parallel universe
    b) The possibility of alien life and the experience of zero gravity
    c) Finding a cure for diseases back on Earth

5. *What was the result of Sarah and the volunteers' work?*

    a) By expanding humanity's presence into space
    b) By proving Earth is the center of the universe
    c) By showing space travel is impossible

Correct Answers:

1. b) To explore nebulae and galaxies
2. c) Advanced observatory instruments
3. b) A rare glimpse into the death of stars
4. b) The possibility of alien life and the experience of zero gravity
5. a) By expanding humanity's presence into space

- Chapter Sixty -
THE SECRET OF THE SUNKEN SHIP

Das Geheimnis des versunkenen Schiffes

Tief unter den Wellen des Ozeans begaben sich Meeresarchäologen auf die Suche nach dem Geheimnis eines gesunkenen Schiffes. Die Mission, angetrieben von Geschichten über verlorene Schätze, nutzte U-Boot-Technologie und Sonar, um das Wrack zu lokalisieren. Zwischen Korallenriffen und nautischen Geheimnissen offenbarte der Tauchgang ein mit Artefakten und Beute beladenes Schiffswrack.

Bergungsoperationen brachten Relikte der Vergangenheit ans Licht und boten ein Fenster zur maritimen Geschichte und den Komplexitäten der Ozeanografie. Die Entdeckung eines antiken Ankers und die Tiefe des Fundes forderten die Expertise und Ausrüstung des Teams heraus.

Das versunkene Schiff, ein Wunder der Meeresarchäologie, eröffnete neue Wege zum Verständnis der menschlichen Geschichte auf den Meeren. Die Expedition barg nicht nur Schätze, sondern enthüllte auch die Geschichten derer, die einst die weiten Ozeane befuhren.

Vocabulary

Wreckage	*Wrack*
Marine archaeology	*Meeresarchäologie*
Treasure	*Schatz*
Submarine	*U-Boot*
Salvage	*Bergung*
Coral reef	*Korallenriff*
Nautical	*Nautisch*
Sonar	*Sonar*
Artifact	*Artefakt*
Dive	*Tauchgang*
Shipwreck	*Schiffswrack*
Loot	*Beute*
Anchor	*Anker*
Oceanography	*Ozeanografie*
Depth	*Tiefe*

Questions About the Story

1. *What technology was used to locate the sunken ship?*

    a) Radar
    b) GPS navigation
    c) Submarine technology and sonar

2. *What did the marine archaeologists find at the shipwreck site?*

    a) Pirate costumes
    b) Artifacts and loot
    c) Modern weaponry

3. *What did the salvage operations reveal?*

    a) Gold coins only
    b) Relics of the past
    c) Underwater caves

4. *What significant discovery tested the team's expertise?*

    a) A treasure map
    b) An ancient anchor
    c) A new species of fish

5. *How did the expedition contribute to our understanding of history?*

    a) By showcasing modern diving technology
    b) By opening up new avenues for understanding human history
       on the seas
    c) By proving the existence of mermaids

Correct Answers:

1. c) Submarine technology and sonar
2. b) Artifacts and loot
3. b) Relics of the past
4. b) An ancient anchor
5. b) By opening up new avenues for understanding human history on the seas

- Chapter Sixty-One -
THE SORCERER'S APPRENTICE

Der Zauberlehrling

Ein eifriger Lehrling studierte unter einem mächtigen Zauberer und vertiefte sich in die Geheimnisse der Magie und des Arkanen. Das Zauberbuch des Zauberers, gefüllt mit Zaubersprüchen und Beschwörungen, war der Schlüssel zur Meisterung der Kunst. Jeder gebraute Trank und jeder gewirkte Zauber brachte den Lehrling dem Meistertitel in Alchemie näher.

Eines Tages versuchte der Lehrling, einen Trank ohne Aufsicht zu verzaubern, und führte dabei einen Zauberstab mit unsicheren Händen. Die entfesselte Magie war wild und beschwor Chaos herauf, statt der beabsichtigten Mystik. Der Vertraute, ein Schutzgeist, griff ein, stellte die Ordnung wieder her und erteilte dem Lehrling eine wertvolle Lektion über den Respekt vor den mystischen Kräften.

Durch Versuch und Irrtum lernte der Lehrling, dass Magie nicht nur Macht, sondern auch Weisheit und Kontrolle bedeutete. Der Weg vom Novizen zum Zauberer war voller Herausforderungen, aber jeder beschworene Zauber und jeder gebraute Trank ebnete den Weg zur Meisterschaft.

Vocabulary

Sorcerer	*Zauberer*
Apprentice	*Lehrling*
Magic	*Magie*
Spell	*Zauber*
Grimoire	*Zauberbuch*
Potion	*Trank*
Alchemy	*Alchemie*
Enchant	*Verzaubern*
Wand	*Zauberstab*
Incantation	*Beschwörung*
Familiar	*Vertrauter*
Mystical	*Mystisch*
Conjure	*Beschwören*
Arcane	*Arkan*
Elixir	*Elixier*

Questions About the Story

1. *What was the apprentice's goal in studying under the sorcerer?*

    a) To become a master of alchemy
    b) To learn how to fly
    c) To become immortal

2. *What did the apprentice use to try and enchant an elixir?*

    a) A magic stone
    b) A bewitched book
    c) A wand

3. *What was the result of the apprentice's unsupervised attempt at enchantment?*

    a) The creation of a new potion
    b) The unleashing of wild magic and chaos
    c) The transformation of the apprentice

4. *Who intervened to restore order after the chaos?*

    a) The sorcerer
    b) The apprentice themselves
    c) A guardian spirit, the familiar

5. *What important lesson did the apprentice learn?*

    a) That magic requires physical strength
    b) That magic is about wisdom and control
    c) That magic is only for the selfish gains

Correct Answers:

1. a) To become a master of alchemy
2. c) A wand
3. b) The unleashing of wild magic and chaos
4. c) A guardian spirit, the familiar
5. b) That magic is about wisdom and control

- Chapter Sixty-Two -
SECRETS UNDER THE SPHINX

Geheimnisse unter der Sphinx

Ein Team von Archäologen begab sich auf eine Ausgrabung am Fuß der Sphinx und enthüllte Geheimnisse, die seit Jahrtausenden verborgen waren. In den Stein gemeißelte Hieroglyphen führten sie zu einer zuvor unentdeckten Krypta, in der Artefakte aus einer vergessenen Dynastie Geschichten des alten Ägyptens flüsterten.

Die seit Eonen versiegelte Kammer enthielt Anomalien, die die Wissenschaftler verwirrten. Unter anderem forderte eine Inschrift bisherige Annahmen über die Herrschaft der Pharaonen heraus. Mit sorgfältiger Konservierung und Radiokarbon-Datierung arbeitete das Team daran, die Integrität ihrer Funde zu bewahren, wobei die Bewahrung der Geschichte oberste Priorität hatte.

Je tiefer sie vordrangen, desto mehr enthüllten die Geheimnisse unter der Sphinx neue Kapitel der menschlichen Zivilisation und schlugen Brücken zum Verständnis der Vergangenheit. Diese Expedition in die Krypta deckte nicht nur Artefakte auf, sondern beleuchtete auch das dauerhafte Erbe einer Kultur, die die Welt weiterhin fasziniert.

Vocabulary

Sphinx	*Sphinx*
Hieroglyphics	*Hieroglyphen*
Archeologist	*Archäologe*
Excavation	*Ausgrabung*
Myth	*Mythos*
Crypt	*Krypta*
Anomaly	*Anomalie*
Pharaoh	*Pharao*
Chamber	*Kammer*
Artifact	*Artefakt*
Conservation	*Konservierung*
Inscription	*Inschrift*
Radiocarbon dating	*Radiokarbon-Datierung*
Preservation	*Bewahrung*
Dynasty	*Dynastie*

Questions About the Story

1. *What led the team of archaeologists to the previously undiscovered crypt?*

    a) A map found in a museum
    b) Dreams and visions
    c) Hieroglyphics etched into the stone

2. *What did the artifacts in the crypt whisper tales of?*

    a) The future predictions of ancient Egypt
    b) A forgotten dynasty
    c) Myths and legends of gods

3. *What kind of anomalies did the chamber hold?*

    a) Gold and jewels
    b) Anomalies that puzzled the scientists
    c) Weapons of war

4. *What did the inscription challenge?*

    a) The location of ancient cities
    b) The authenticity of the Sphinx
    c) Previous assumptions about the Pharaohs' reign

5. *What methods did the team use to ensure the preservation of their findings?*

    a) Only photography
    b) Careful conservation and radiocarbon dating
    c) Immediate removal to a museum

Correct Answers:

1. c) Hieroglyphics etched into the stone
2. b) A forgotten dynasty
3. b) Anomalies that puzzled the scientists
4. c) Previous assumptions about the Pharaohs' reign
5. b) Careful conservation and radiocarbon dating

Chapter Sixty-Three

THE CITY BENEATH THE ICE

Die Stadt unter dem Eis

Eine ehrgeizige Expedition wagte sich in die weite, gefrorene Tundra, um eine unter Schichten von Gletschern und Permafrost verborgene Stadt zu entdecken. Ausgerüstet mit Wärmebildtechnologie und Eisbohrkernen brach das Team bei Temperaturen unter dem Gefrierpunkt auf, um Geheimnisse einer alten Zivilisation zu enthüllen, die in Isolation erhalten geblieben war.

Die Entdeckung stellte bisherige Vorstellungen von Überleben und Anpassung in extremen Klimaten in Frage. Kryogenik spielte eine entscheidende Rolle in ihrer Forschung und ermöglichte es den Wissenschaftlern, die ausgegrabenen Artefakte, die in der Zeit eingefroren waren, sorgfältig zu studieren. Inmitten der Isolation des Eises fanden sie Hinweise auf eine Gemeinschaft, die trotz der rauen Bedingungen gedieh.

Diese bahnbrechende Entdeckung eröffnete neue Wege zum Verständnis alter Klimabedingungen und menschlicher Resilienz. Die einst als unbewohnbar geltenden Zonen der Erde waren nun Seiten in der Geschichte des menschlichen Überlebens, bereit, von der Welt gelesen zu werden.

Vocabulary

Glacier	*Gletscher*
Expedition	*Expedition*
Subzero	*Subzero*
Ice core	*Eisbohrkern*
Ancient	*Antik*
Thermal imaging	*Wärmebildtechnologie*
Permafrost	*Permafrost*
Cryogenics	*Kryogenik*
Isolation	*Isolation*
Survival	*Überleben*
Climate	*Klima*
Discovery	*Entdeckung*
Unearth	*Ausgraben*
Frozen	*Gefroren*
Tundra	*Tundra*

Questions About the Story

1. *What was the goal of the expedition?*

    a) To study wildlife in the tundra
    b) To uncover a city beneath the ice
    c) To test thermal imaging technology

2. *What technology did the team use to aid their discovery?*

    a) Satellite imagery
    b) Underwater drones
    c) Thermal imaging technology

3. *What played a crucial role in studying the artifacts?*

    a) Cryogenics
    b) Microscopy
    c) Carbon dating

4. *What did the team find evidence of?*

    a) A lone survivor
    b) A thriving community
    c) Extinct animal species

5. *How did the discovery challenge previous notions?*

    a) By proving the existence of aliens
    b) By showing survival in extreme climates
    c) By discovering a new element

Correct Answers:

1. b) To uncover a city beneath the ice
2. c) Thermal imaging technology
3. a) Cryogenics
4. b) A thriving community
5. b) By showing survival in extreme climates

- Chapter Sixty-Four -
THE HEIST OF THE CENTURY

Der Jahrhundertcoup

Der Jahrhundertcoup wurde von einem genialen Kopf inszeniert, der den sichersten Tresor der Welt infiltriert und dabei Überwachungssysteme mit unvergleichlicher Präzision umgangen hat. Verkleidungen wurden eingesetzt und Alibis vorbereitet, während das Team einen Sicherheitsbruch ausführte, der noch Jahre später studiert werden würde.

Unter dem Schutz der Nacht postierten sie sich an ihrem Ziel, planten eine Fluchtroute, die sicherstellte, dass die Beute unbemerkt transportiert wurde. Die Operation umfasste verdeckte Ermittler und Doppelagenten und webte ein komplexes Netz aus Täuschungen.

Der Verhandlungsführer, eine Schlüsselfigur in ihrem Plan, war bereit, sich um die Folgen zu kümmern, falls ihre Aktionen zu einer Lösegeldforderung führen würden. Ihre sorgfältige Planung zahlte sich jedoch aus, ließ die Strafverfolgungsbehörden ratlos zurück und die Welt staunte über ihre Kühnheit und Einfallsreichtum.

Vocabulary

Heist	*Coup*
Infiltrate	*Infiltrieren*
Surveillance	*Überwachung*
Mastermind	*Genie*
Security breach	*Sicherheitsbruch*
Alibi	*Alibi*
Vault	*Tresor*
Disguise	*Verkleidung*
Stakeout	*Observation*
Loot	*Beute*
Escape route	*Fluchtroute*
Undercover	*Verdeckt*
Double agent	*Doppelagent*
Ransom	*Lösegeld*
Negotiator	*Verhandlungsführer*

Questions About the Story

1. *What did the mastermind successfully infiltrate?*

   a) A museum
   b) A bank vault
   c) The most secure vault

2. *Which technique was NOT mentioned as part of the heist plan?*

   a) Hacking
   b) Using disguises
   c) Employing double agents

3. *What was prepared to support the heist?*

   a) Escape vehicles
   b) Alibis
   c) A distraction

4. *When did the team execute the heist?*

   a) During a holiday
   b) At midnight
   c) Under the cover of night

5. *What was the main goal of mapping out an escape route?*

   a) To create confusion
   b) To ensure loot was transported undetected
   c) To distract law enforcement

Correct Answers:

1. c) The most secure vault
2. a) Hacking
3. b) Alibis
4. c) Under the cover of night
5. b) To ensure loot was transported undetected

- Chapter Sixty-Five -
JOURNEY TO THE HEART OF THE AMAZON

Reise ins Herz des Amazonas

Eine Expedition machte sich auf, um das Herz des Amazonas zu erkunden, ein Reich unvergleichlicher Biodiversität. Naturschützer und Naturkundler schlossen sich zusammen, um Flora und Fauna zu dokumentieren, navigierten durch den dichten Regenwald und sein Netz von Nebenflüssen.

Ihre Reise unterstrich die kritische Bedeutung von Naturschutzbemühungen, als sie bedrohte Arten trafen und den Einfluss der Abholzung auf das Ökosystem aus erster Hand sahen. Das Kronendach wimmelte vor Leben und bot ein lebhaftes Bild der Lebendigkeit des Regenwaldes und der dringenden Notwendigkeit seiner Erhaltung.

Diese Expedition trug nicht nur wertvolle Daten zur Erforschung der Biodiversität bei, sondern betonte auch die Verbundenheit der indigenen Kulturen mit ihrer natürlichen Umgebung. Es war eine lebendige Erinnerung an die Bedeutung des Amazonas für das globale ökologische Gleichgewicht und den laufenden Kampf gegen Umweltzerstörung.

Vocabulary

Amazon	*Amazonas*
Rainforest	*Regenwald*
Biodiversity	*Biodiversität*
Indigenous	*Indigen*
Canopy	*Kronendach*
Expedition	*Expedition*
Flora and Fauna	*Flora und Fauna*
Conservationist	*Naturschützer*
Deforestation	*Abholzung*
Ecosystem	*Ökosystem*
Navigation	*Navigation*
Tributary	*Nebenfluss*
Biome	*Biom*
Endangered species	*Bedrohte Arten*
Naturalist	*Naturkundler*

Questions About the Story

1. *What was the primary goal of the expedition?*

   a) To explore the Amazon's hidden cities
   b) To document the Amazon's biodiversity
   c) To search for gold and precious minerals

2. *Who joined forces for the expedition?*

   a) Tourists and adventurers
   b) Scientists and researchers
   c) Conservationists and naturalists

3. *What critical issue did the expedition highlight?*

   a) The discovery of new species
   b) The need for conservation efforts
   c) The search for medicinal plants

4. *What did the expedition contribute to?*

   a) Tourism in the Amazon
   b) The study of biodiversity
   c) The construction of new research stations

5. *What impact did deforestation have on the Amazon?*

   a) Increased biodiversity
   b) Enhanced ecosystem resilience
   c) Negative impact on the ecosystem

Correct Answers:

1. b) To document the Amazon's biodiversity
2. c) Conservationists and naturalists
3. b) The need for conservation efforts
4. b) The study of biodiversity
5. c) Negative impact on the ecosystem

- Chapter Sixty-Six -
The Lost City of Z

Die verlorene Stadt Z

Tief im Herzen des Dschungels brach eine Expedition auf, um die mythische Stadt Z zu entdecken, geleitet von alten Manuskripten und kryptischen Koordinaten. Das Team, bestehend aus Archäologen und einem erfahrenen Kartografen, navigierte durch unbekanntes Gelände und drang durch dichtes Laubwerk auf der Suche nach der Legende vor.

Während sie tiefer vordrangen, wurde das Überleben zur Hauptpriorität inmitten der gefährlichen und unbekannten Umgebung. Unterwegs freigelegte Artefakte deuteten auf die Existenz der verlorenen Stadt hin und stärkten ihren Entschluss. Trotz des Verschwindens von Forschern, die zuvor nach der Stadt gesucht hatten, drängte das Team voran, getrieben von der Faszination der Entdeckung.

Die verlorene Stadt Z blieb schwer fassbar, ihre Geheimnisse fest im Griff des Dschungels. Doch die Expedition förderte wertvolle Erkenntnisse über alte Zivilisationen zutage und leistete einen bedeutenden Beitrag zur Archäologie. Das Mysterium um den Standort der Stadt und ihr Schicksal blieb weiterhin eine Faszination, ein Symbol für das ewige menschliche Streben nach Wissen und Erforschung.

Vocabulary

Archaeology	*Archäologie*
Mythical city	*Mythische Stadt*
Jungle	*Dschungel*
Expedition	*Expedition*
Coordinates	*Koordinaten*
Manuscript	*Manuskript*
Uncharted	*Unbekannt*
Legend	*Legende*
Artifact	*Artefakt*
Survival	*Überleben*
Cryptic	*Kryptisch*
Terrain	*Gelände*
Cartographer	*Kartograf*
Foliage	*Laubwerk*
Disappearance	*Verschwinden*

Questions About the Story

1. *What was the primary goal of the expedition?*

   a) To find a new trade route
   b) To document jungle wildlife
   c) To uncover the mythical city of Z

2. *Who were the key members of the expedition team?*

   a) Soldiers and mercenaries
   b) Archaeologists and a cartographer
   c) Journalists and photographers

3. *What primary challenge did the team face in the jungle?*

   a) The constant threat of wild animals
   b) Finding enough food and water
   c) Navigating through dense foliage

4. *What did the team discover that hinted at the city's existence?*

   a) A hidden treasure
   b) Ancient manuscripts
   c) Artifacts

5. *What was the outcome of the expedition?*

   a) The lost city was fully uncovered
   b) The team disappeared without a trace
   c) Valuable insights into ancient civilizations were gained

Correct Answers:

1. c) To uncover the mythical city of Z
2. b) Archaeologists and a cartographer
3. c) Navigating through dense foliage
4. c) Artifacts
5. c) Valuable insights into ancient civilizations were gained

- Chapter Sixty-Seven -
THE SECRET GARDEN OF BABYLON

Der geheime Garten von Babylon

Die Hängenden Gärten von Babylon, eines der antiken Weltwunder, fesselten ein Team von Archäologen, die durch Mythologie und historische Texte deren Existenz bestätigen wollten. Ihre Expedition suchte nach dem Standort der Gärten, der als Oase der Fruchtbarkeit und botanischen Wunder galt, unterstützt durch innovative Bewässerungssysteme einschließlich Aquädukten.

Als sie die Ruinen von Babylon erkundeten, fanden sie Inschriften, die die Terrassenstruktur der Gärten beschrieben, was zu Theorien über deren Restaurierung führte. Der geheime Garten, ein Symbol antiker Ingenieurskunst und Schönheit, blieb ein Mysterium, doch die Möglichkeit seiner realen Existenz inspirierte sowohl die wissenschaftliche als auch die historische Gemeinschaft.

Die Suche nach den Hängenden Gärten unterstrich die Schnittstelle zwischen Legende und Archäologie und forderte die Forscher heraus, die Rätsel der Vergangenheit zusammenzufügen. Diese Reise in die Antike bot Einblicke in die Meisterschaft einer Zivilisation über die Natur und ihr dauerhaftes Erbe in der menschlichen Vorstellungskraft.

Vocabulary

Babylon	*Babylon*
Hanging Gardens	*Hängende Gärten*
Ancient	*Antik*
Mythology	*Mythologie*
Irrigation	*Bewässerung*
Wonder of the World	*Weltwunder*
Archaeologist	*Archäologe*
Fertility	*Fruchtbarkeit*
Oasis	*Oase*
Botanical	*Botanisch*
Expedition	*Expedition*
Restoration	*Restaurierung*
Inscription	*Inschrift*
Terrace	*Terrasse*
Aqueduct	*Aquädukt*

Questions About the Story

1. *What was the primary goal of the archaeologists?*

    a) To find hidden treasure within Babylon
    b) To confirm the existence of the Hanging Gardens through
       historical texts
    c) To establish a new archaeological site

2. *What ancient wonder captivated the team of archaeologists?*

    a) The Great Pyramid of Giza
    b) The Lighthouse of Alexandria
    c) The Hanging Gardens of Babylon

3. *What key feature was believed to sustain the gardens?*

    a) Natural rainfall
    b) Innovative irrigation systems
    c) Magical properties

4. *What did the archaeologists find that led to theories about the
    gardens' structure?*

    a) Gold and jewels
    b) Inscriptions describing the terrace structure
    c) Ancient seeds and plants

5. *What did the search for the Hanging Gardens underscore?*

    a) The wealth of ancient Babylon
    b) The dangers of archaeological expeditions
    c) The intersection between legend and archaeology

Correct Answers:

1. b) To confirm the existence of the Hanging Gardens through
   historical texts
2. c) The Hanging Gardens of Babylon
3. b) Innovative irrigation systems
4. b) Inscriptions describing the terrace structure
5. c) The intersection between legend and archaeology

- Chapter Sixty-Eight -
THE MIND'S LABYRINTH

Das Labyrinth des Geistes

Ein Psychologe begab sich auf eine Erkundung des Unterbewusstseins, das er als ein Labyrinth voller Illusionen und kognitiver Wendungen ansah. Durch Therapie und Traumanalyse tauchte er in die Wahrnehmung und Erinnerung ein und entdeckte Halluzinationen, die die Grenzen zwischen Realität und Vorstellung verwischten.

Diese Reise ins Labyrinth des Geistes war nicht nur eine Suche nach dem Verständnis der individuellen Psychologie, sondern auch nach Durchbrüchen in der Neurologie. Einblicke in das Bewusstsein und die Introspektion boten einen Weg, die Komplexität der menschlichen Psyche zu entwirren.

Während sie durch das kognitive Labyrinth navigierten, bot jede Entdeckung ein Stück des Rätsels und trug zu einem besseren Verständnis des Unterbewusstseins bei. Das Labyrinth des Geistes wurde zu einer Metapher für die komplizierte und oft schwer fassbare Natur mentaler Prozesse und hob die tiefe Bedeutung menschlicher Kognition und das Potenzial für innere Entdeckungen hervor.

Vocabulary

Psychology	*Psychologie*
Subconscious	*Unterbewusstsein*
Maze	*Labyrinth*
Perception	*Wahrnehmung*
Cognitive	*Kognitiv*
Illusion	*Illusion*
Therapy	*Therapie*
Dream analysis	*Traumanalyse*
Neurology	*Neurologie*
Memory	*Erinnerung*
Hallucination	*Halluzination*
Insight	*Einblick*
Consciousness	*Bewusstsein*
Breakthrough	*Durchbruch*
Introspection	*Introspektion*

Questions About the Story

1. *What is likened to a maze in the story?*

    a) The mind
    b) A real labyrinth
    c) A psychologist's office

2. *What methods did the psychologist use to explore the subconscious?*

    a) Dream analysis and therapy
    b) Meditation
    c) Neurological experiments

3. *What blurred the lines between reality and the imagined?*

    a) Dreams
    b) Hallucinations
    c) Books

4. *What was the exploration of the mind's labyrinth a quest for?*

    a) Personal fame
    b) Understanding individual psychology
    c) A treasure

5. *What did insight into consciousness and introspection help with?*

    a) Solving a crime
    b) Unraveling the complexities of the human psyche
    c) Winning a competition

Correct Answers:

1. a) The mind
2. a) Dream analysis and therapy
3. b) Hallucinations
4. b) Understanding individual psychology
5. b) Unraveling the complexities of the human psyche

- Chapter Sixty-Nine -
THE VANISHED COMPOSER

Der verschwundene Komponist

In einer Stadt, die für ihr musikalisches Erbe berühmt ist, rührte das plötzliche Verschwinden eines renommierten Komponisten die Gemeinschaft auf. Bekannt für seine Symphonien, die das Wesen von Harmonie und Melancholie einfingen, hinterließ sein Fehlen eine Lücke in der Welt der klassischen Musik.

Tage vor seinem Verschwinden war der Komponist in sein neuestes Werk vertieft, ein Requiem, das sein Magnum Opus werden sollte. Sein Manuskript, gefüllt mit komplexen Notationen und tiefgründiger Emotion, deutete auf ein Crescendo persönlicher Offenbarungen hin.

Der letzte, der ihn sah, war der Dirigent, ein enger Vertrauter, der von der Hingabe des Komponisten zu seiner Kunst sprach, oft fand er ihn vertieft in die Tiefen seiner Ouvertüren und Fugenkompositionen. Doch hinter seinem Genie verbarg sich ein Rätsel, das niemand lösen konnte.

Als die Tage zu Wochen wurden, wurde zu seinen Ehren ein Konzert organisiert. Das Orchester, unter der Leitung seines Freundes, spielte seine unvollendete Symphonie. Die Musik, eine Mischung aus Verzweiflung und Schönheit, schien über den Konzertsaal hinaus zu greifen, auf der Suche nach der verlorenen Seele ihres Schöpfers.

Der verschwundene Komponist wurde zur Legende, sein Verschwinden so mysteriös wie die emotionale Kraft seiner Musik. Bis heute grübeln Musiker und Liebhaber über sein Schicksal, sein letztes Requiem eine eindringliche Ode an die Zerbrechlichkeit des Genies.

Vocabulary

Composer	*Komponist*
Symphony	*Symphonie*
Disappearance	*Verschwinden*
Manuscript	*Manuskript*
Harmony	*Harmonie*
Melancholy	*Melancholie*
Conductor	*Dirigent*
Requiem	*Requiem*
Overture	*Ouvertüre*
Crescendo	*Crescendo*
Orchestra	*Orchester*
Notation	*Notation*
Enigma	*Rätsel*
Concerto	*Konzert*
Fugue	*Fuge*

Questions About the Story

1. *What is the city known for?*

    a) Its historical landmarks
    b) Its musical heritage
    c) Its culinary delights

2. *What was the composer working on before his disappearance?*

    a) A symphony
    b) An opera
    c) A requiem

3. *How is the composer's work described?*

    a) Joyful and lively
    b) Harmonious and melancholic
    c) Dissonant and chaotic

4. *Who was the last person to see the composer?*

    a) A fellow composer
    b) A family member
    c) The conductor

5. *What did the composer's music blend together?*

    a) Hope and fear
    b) Joy and sadness
    c) Despair and beauty

Correct Answers:

1. b) Its musical heritage
2. c) A requiem
3. b) Harmonious and melancholic
4. c) The conductor
5. c) Despair and beauty

CONCLUSION

Congratulations on completing "69 More Short German Stories for Intermediate Learners." This journey has taken you deeper into the German language, broadening your vocabulary and enhancing your understanding of complex grammatical structures. Each story was crafted to challenge and entertain, providing a rich context for learning and applying more intricate language constructs.

Your commitment to learning German through these stories demonstrates a passion for linguistic exploration and a dedication to mastering the subtleties of this beautiful language. The tales have not only served as lessons in language but also as windows into diverse experiences and perspectives, enriching your understanding of the world.

Language learning is a continuous adventure that offers endless opportunities for discovery and connection. By advancing your skills, you've opened new doors to conversations, literature, and a deeper appreciation of German culture.

I am eager to hear about your adventures and the insights you've gained from these stories. Share your experiences with me on Instagram: **@adriangruszka**. Your journey, challenges, and achievements inspire us all.

For more resources and to become part of our language learning community, visit **www.adriangee.com**. Here, you'll find additional materials to further your German language journey. Together, let's continue exploring the vast and vibrant world of language. Let's keep the conversation going, and here's to many more stories and successes. Prost to your future endeavors in German!

- *Adrian Gee*

CONTINUE YOUR LANGUAGE JOURNEY:
Elevate Your German to New Heights:
"The Ultimate German Phrase Book"

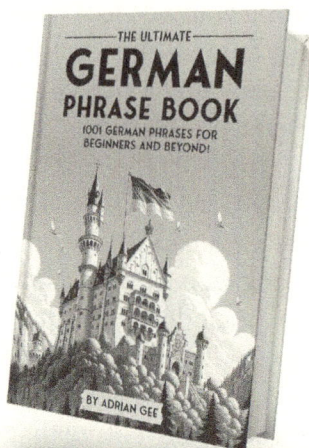

As you celebrate completing "69 More Short German Stories for Intermediate Learners," why stop there? Your journey into the depths of the German language and its cultural intricacies can continue with an essential tool in your language learning arsenal: "The Ultimate German Phrase Book."

Designed for enthusiasts of the German language at every level, from beginners taking their first steps to seasoned speakers aiming to refine their fluency, this book is your gateway to mastering conversational German with confidence and cultural insight.

What You'll Discover in "The Ultimate German Phrase Book":

- Over 1001 Handpicked Phrases: Dive into a treasure trove of phrases for every situation, each accompanied by phonetic pronunciation guides.
- Interactive Learning Tools: Engage with exercises that transition you from learning to living the German language.
- Grammar Simplified: Tackle German grammar with our straightforward lessons designed for real-world communication.
- Pronunciation Perfection: Navigate the subtleties of German pronunciation with expert guidance.
- Cultural Insights: Connect deeper with the German culture through enlightening tidbits accompanying each phrase.
- Memorization Strategies: Adopt effective techniques to ensure what you learn today stays with you tomorrow and beyond.

Your language learning journey doesn't have to end here. Whether you're looking to enhance everyday conversations, travel with confidence, or deepen your connection to German culture, this phrase book is your next step towards fluency. Dive into the richness of the German language and culture with "The Ultimate German Phrase Book" and turn every interaction into an opportunity for growth and discovery.

Made in the USA
Las Vegas, NV
23 February 2025

18554369R00256